「AI時代の教師・授業・生きる力」

これからの「教育」を探る

渡部信一［編著］
WATABE Shinichi

ミネルヴァ書房

はじめに

私は二〇一八年、拙著『ＡＩに負けない「教育」』（大修館書店）を上梓しました。そこでは最近、急速に社会に浸透しつつある「人工知能 Artificial Intelligence：ＡＩ」について、特に「教育」に対する影響を中心に検討しました。そこで検討の出発点となったのは、以下のような疑問でした。

人間の知的作業はすべて「人工知能」に取って代わられてしまうのではないか？ そうなったら学校では、どのような「教育」を行なえばよいのだろう？ 学校では、何を教えればよいのだろう？

検討を進めてゆく中で、さらに次のような疑問もわき上がってきました。

これからの時代、「人工知能に負けない能力」とはどのような能力なのか？ そして、そのような能力を身につけるための「教育」とは？

本書は、拙著『ＡＩに負けない「教育」』で行った検討をふまえ、実際に「教育現場」での実践を続けていらっしゃる七名の先生方にこれらの疑問についてうかがいました。

具体的な内容は、以下のようになっています。

第1章：ＡＩ時代の「教師」を「教員養成・教員研修」という視点から検討する……植木克美先生（北海道教育大学・教授）、大西孝志先生（東北福祉大学・教授）

第2章：ＡＩ時代の「授業」に関して、「国語」「社会」と「数学」「理科」および「プログラミング教育」という視点から検討する……三浦和美先生（東北福祉大学・教授）、佐藤克美先生（東北大学・准教授）、水内豊和先生（富山大学・准教授）

第3章：ＡＩ時代における「生きる力」の育成について検討する……阪田真己子先生（同志社大学・教授）、高橋信雄先生（東北文化学園大学・教授）

また、各々の話題について、私がホスト役になりさらに詳しいお考えを各先生にお聞きしました。本書における最大の特徴は、この「ディスカッション」がとても充実している、そしてとても面白いことです。

蛇足ではありますが、本書の背景と全体像の把握のための序章および終章を、私が担当させていただきました。

文部科学省もこれからのＡＩ時代を見据えて、「プログラミング教育」の必修化や「デジタル教科書」の活用を推進しています。これから一〇年後、つまり今の小学生が大学を卒業して社会に出ようとする頃、日本の社会はどのようになっているのでしょう？　そして、「教育現場」は？

それぞれの専門家が、一〇年後の「教育現場」を探ります。

編者　渡部信一

目　次

目　次

序　章　ＡＩ時代、「教育現場」はどう変わるのか？

渡部信一

ＡＩによる「超スマート社会」の到来

「教育」という人間の活動が「時代」や「社会」に大きく影響されるものだとしたならば、まさに今こそ「教育」は大きく変わらざるを得ない時期に来ています。

二〇一六年（平成二八年）一月に閣議決定された「第五期科学技術基本計画（平成二八〜三二年度）」では、新たな科学技術が牽引する来るべき次の時代の社会像として「Society 5.0」という概念が提唱されました。「Society 5.0」とは、狩猟社会、農耕社会、工業社会、情報社会に続く第五の新たな社会を意味しています。そこでは「ＩＣＴを最大限に活用し、サイバー空間とフィジカル空間（現実世界）とを融合させた取組により、人々に豊かさをもたらす未来社会の姿として『超スマート社会』の実現を目指しています」としています（内閣府、二〇一六）。

さらに二〇一八年（平成三〇年）六月には「未来投資戦略二〇一八」を閣議決定し、「ＩｏＴ」「ビッグデータ」「人工知能」そして「ロボット」などの第四次産業革命の技術革新を存分に取り込み、「Society 5.0」を本格的に実現することを確認しています（首相官邸、二〇一八）。

ここで「第四次産業革命」とは、言うまでもなくこれまでの世界の歴史の中で起こった「第一次産業革命」以来、四度目の「産業革命」が起ころうとしているということです。

一八世紀後半の第一次産業革命は、蒸気・石炭を動力源とする軽工業中心の経済発展および社会構造の変革でした。イギリスでは蒸気機関が発明され、工場制機械工業の幕開けとなります。

一九世紀後半の第二次産業革命では、電気・石油を新たな動力源とする重工業中心の経済発展および社会構造の変革が起こります。エジソンが電球などを発明したことや物流網の発展などが相まって、大量生産、大量輸送、大量消費の時代が到来しました。フォードのＴ型自動車は、第二次産業革命を代表する製品の一つといわれています。

続いて二〇世紀後半の第三次産業革命では、コンピュータなどの電子技術やロボット技術を活用したマイクロエレクトロニクス革命により、自動化が促進されました。日本メーカーのエレクトロニクス製品や自動車産業の発展などが象徴的です。

そして、二〇一〇年を過ぎた頃から「人工知能 Artificial Intelligence：ＡＩ（以下、ＡＩと記す）」の話題を頻繁に耳にするようになりました。さらに、あらゆるモノがインターネットにつながる「ＩｏＴ」が発展し、そこから収集・蓄積される様々なデータの集積、つまり「ビッグデータ」がＡＩによって解析され新たな製品やサービスの開発が進んでいます。これが「第四次産業革命」です。第四次産業革命では、モノの世界とデジタルの世界が融合してゆく社会が実現されようとしているのです。

ここで大変興味深いのは、それぞれの産業革命において覇権をとった国が異なることです。すなわち第一産業革命ではイギリス、第二次ではアメリカ、第三次の前半では日本でした。そして、「第四次産業革命」です。日本政府や日本の産業界や経済界としては、なんとしても第四次産業革命で世界をリードしたいという思惑があることは当然のことです。したがって、第四次産業革命は産業界や経済界だけでなく、将来の日本を背負うことになる子どもたちにとっても、つまり「教育」の世界においても非常に重要な視点になるというわけです。

本章では、これから一〇年後、つまり今の小学生が大学を卒業して社会に出ようとする頃の日本社会、そして「教育現場」を考えてみたいと思います。

「目指すべき次世代の学校・教育現場」とは？

文部科学省は、これからの「教育現場」について具体的に方策を示しています。例えば、二〇一九年（平成三一年）三月に公表した「新時代の学びを支える先端技術活用推進方策

（中間まとめ）」では、「目指すべき次世代の学校・教育現場」として「子どもの力を最大限引き出す学び」を実現するために三つの具体的な方策について示しています（文部科学省、二〇一九）。

第一に「遠隔教育の推進による先進的な教育の推進」を示していますが、この方策には「遠隔教育は教育の質を大きく高める手段」であるという前提になる考え方があります。そして、「ＳＩＮＥＴ」と呼ばれる世界最高速級の通信インフラを活用することにより「学校同士をつないだ合同授業の実施や外部人材の活用、幅広い科目開設など、教師の指導や子ども達の学習の幅を広げることや、特別な支援が必要な児童生徒等にとって、学習機会の確保を図る観点から重要な役割を果たす」としています。

具体的には、「多様な人々とのつながりを実現する」ことを目的として、海外の小学生と英語でコミュニケーションを取ったり調べたことを発表し合ったり、小規模校の子どもたちが他校の子どもたちと一緒に授業を受け多様な考えに触れる機会をつくることが推奨されています。

また、「教科の学びを深める」ことを目的とする遠隔教育では、プログラミング教育の必修化と絡めて小学校と大学を接続することによりプログラミング教育の導入をスムーズにしたり興味・関心を高めたり質問したりすることを可能にするとしています。さらに、教室にいながら社会教育施設をバーチャル見学したり、そこで専門家による解説を聞くことが可能です。

高等学校における教科・科目充実型授業では、特定の教科・科目の教師がいない学校に授業を配信し、開設科目の数を充実することなどが推奨されています。

さらに、個々の児童生徒の状況に応じた遠隔教育では、日本語指導が必要な外国人児童が在籍する学校と離れた学校の日本語教室を接続するために、あるいは病気療養児が病室等で在籍校の授業を受けるために遠隔教育を推奨しています。

二〇〇〇年頃から世界的規模で始まった「ｅラーニング」が、いよいよ「教育現場」でも日常的に活用される時代が来ているのです。

第二の「教師・学習者を支援する先端技術の効果的な活用」では、「技術の活用を通じて教師や児童生徒を支援し、アクティブ・ラーニングを推進」したり「学習指導要領が目指す資質・能力の育成につなげる」ことを目的として掲げています。ここでは「先端技術」として、「校務支援システム」「協働学習支援ツール」「オンライン教育」「ＡＩドリル」「スタディ・ログ」そして「ビッグデータ」などのキーワードが示されています。例えば、個々の生徒の学習記録を「スタディ・ログ」としてすべて蓄積し、それを「ビッグデータ」としてＡＩで解析することにより、指導計画や指導案の作成に活かしたり、子どもの認知的傾向を分析することにより学習の「躓き」を把握することに役立てます。このようなシステムはまた、「いじめ」などの防止にもつながってゆくでしょう。

第三の「先端技術の活用のための環境整備」ですが、この「中間まとめ」では、現状において「学校のＩＣＴ環境が脆弱であること、地域間格差があることは危機的な状況」としています。そして、それを打開するため「世界最高速級の学術通信ネットワーク「ＳＩＮＥＴ」の初等中等教育への開放、パブリッククラウドの利活用に向けた「教育情報セキュリティポリシーに関するガイドライン」の在り方の検討、安価な環境整備に向けた具体策の検討・提示、学校のＩＣＴ環境の現状・課題を踏まえた関係者の専門性を高める取組」などを推進することを推奨しています。

以上のように、現在国を挙げて「目指すべき次世代の学校・教育現場」に向けての様々な試みが進んでいます。

今後確実に来るであろう「ＡＩ時代」に備え、「子どもの力を最大限引き出す学び」を実現するための全国的な取り組みがすでに始まっているのです。

二〇一〇年頃からの「第三次ＡＩブーム」

今後、最新のテクノロジーが「教育現場」に普及・浸透してゆくことは間違いありません。しかし、「テクノロジーと教育の関係」について考えるとき、私がさらに重要と考えているのは「教育」自体の存在意義に関わることです。今後、「何のために教育するのか？」「どのような人間を育成するのか？」など教育の本質に関わる検討が強く求められることになるでしょう。

それは特に、ＡＩの著しい発展と密接に関係しています。二〇一〇年頃から著しい発展を遂げているＡＩは、私たちが暮らす社会の様々なところで活躍し始めています（「第三次ＡＩブーム」と呼ばれています）。いくつか、実際の例を紹介しましょう。

ＩＢＭ製の「ワトソン」は、「気象予測」や「医療診断・治療支援」の領域で活躍しています。例えば日本ＩＢＭは、気象予報の領域にも本格的に参入することを表明しています。日本の気象庁をはじめ、海外の気象局、気象レーダーやアメダスなどから送られるデータを基に1時間ごとに気象予報データを作成し、パッケージ化して企業に提供します。ここで、気象予測の精度を高めるために「ワトソン」を活用すると言います。予測データは電力会社が発電計画を立てられるようにカスタマイズしたり、航空会社には乱気流の発生場所を観測するなどして安全なフライトプラン作成を支援するなど、業界・業種ごとにＡＩにより加工し提供すると言います。

また「医療診断・治療支援」の領域ではすでに、「ワトソン」を活用することにより新薬開発、癌の診断支援、ゲノム解析アドバイザーなどの医療診断・治療法決定の支援が始まっています。さらに、二〇一五年にアメリカのマウントサイナイ病院が開発した「ディープ・ペイシェント」は、ある人がどんな病気を発症するかを予測することができると言います（小林、二〇一七）。このようなＡＩの発展は、医療従事者にも大きな影響を及ぼすだけでなく、医学教育にも大きな影響を及ぼします。

「自動運転」にＡＩを活用するという例は、マスコミ報道などでも最近よく目にするようになりました。この技術はほぼ完成しており、あとはより安全性を高めるだけという段階です。これが実現されれば、私たちはより安全に目的地までたどり着くことができ、しかも交通渋滞も解消されるでしょう。

さらに、「自動運転」との組み合わせでＡＩを活用した「シェアリングサービス」も始まろうとしています。これは、「移動したい人」という需要の情報と「自動運転の自動車」とをスマートフォン経由でＡＩがマッチングするものです。このような「シェアリングサービス」は、ビッグデータとＡＩによる高精度なマッチング力を武器に、タクシー業界といった既存業界を破壊しかねない勢いで急成長を遂げようとしています。

さらに、報道されることは少ないかもしれませんが、ＡＩを活用した「自律的兵器」の開発も着実に進められています。これまでの兵器に関係するテクノロジーは主に、その破壊力や攻撃範囲を拡大するための技術に過ぎない単なる「人に使われる道具」でした。しかし、ＡＩを活用した「自律的兵器」は攻撃対象となる敵を自ら判断して定めたり、相手を攻撃するか否かを判断する能力を備えようとしています。今後、大きな議論が起こるでしょう。

もともとＡＩは、人間の「知性」をモデルとして開発されてきました。人間並みの、あるいは人間を超える「知性」を持つＡＩが社会に普及・浸透すれば当然、これまで人間が従事してきた仕事をＡＩが代わって行うということも起こりうるでしょう。そうなれば、社会における常識や価値観も大きく変化し、必然的に「教育」にも大きな影響を及ぼすことは間違いないのです。

この二〇年で、ＡＩはどのように発展してきたのか？

約二〇年前、私が『鉄腕アトムと晋平君――ロボット研究の進化と自閉症児の発達』（ミネルヴァ書房、一九九八年）を上梓した当時、ＡＩの研究開発は第二次のブームを迎えていました。第二次ブームで研究者が開発しようとしていたのは主に、「エキスパートシステム」と呼ばれるＡＩです。

世の中には「エキスパート」と呼ばれる人たちがいます。例えば、医者や法律家、そして学者などがその代表でしょう。コンピュータの性能が著しい発展を遂げる中で、様々な「エキスパート」と呼ばれている人たちの頭の中を実際にコンピュータによりシミュレーションしてみようという試みが盛んに行われました。

まず研究者が行ったことは、彼らの仕事を詳細に分析することでした。そして、一つひとつの作業をコンピュータに代行させるため、一つひとつプログラミングしていきました。ここでは、できるだけ優秀なプログラマーが、できるだけ優秀なプログラムを、できるだけ高性能のコンピュータに入力すること、つまり「優秀なＡＩ」が目標とされました。これが、第二次ＡＩブームです。

そして、私たちがその研究成果に驚いたのは、チェス専用のAI「ディープブルー」が人間のチェス・チャンピオンに勝利したという報道を耳にしたときでした。一九九七年五月、IBM製の「ディープブルー」が、世界チェス・チャンピオンのガルリ・カスパロフを二勝一敗三引き分けでやぶったのです。この事件は「コンピュータが人間の知能を初めて追い越した」という歴史的な瞬間であるとされ、世界中で大々的に報道されました。

「ディープブルー」は五一二台のコンピュータをつないだスーパー・コンピュータで、チェス専用の「エキスパートシステム」を組み込み一秒間に二億手以上読む能力を備えています。チェスでは、ひとつの局面について可能な手数は平均三五通りあります。二手先でもそれぞれに三五通りの可能性がありますから、三五の自乗通りあることになります。一手に許された時間は、平均三分。ディープブルーは、その間にしらみつぶしに可能な局面を調べあげます。そして、三分間に一四手先までのすべての局面を調べます。局面の数は三五の一四乗で二二桁の数になり、兆の上の京（けい）の上の垓（がい）という、まさに天文学的な数字になるのです（35の14乗＝4,139,545,122,369,384,765,625）。ディープブルーは信じられないような速さでそのすべてを調べあげ、一四手先の最善の手を予測、そこから逆にさかのぼって次の一手を決めます。チェスの強さが「賢さ」の基準とされる欧米では、古くから「チェスをするコンピュータ」の開発が夢でしたが、それがとうとう現実のものになったのです。

さて、チェスに勝利したＡＩの研究者が次に目指したのは、チェスと比較し「次の手」の選択肢がずっと多い「将棋」や「囲碁」です。しかし、ＡＩが「将棋」や「囲碁」で人間に勝利するまでには、ディープブルーの成功から約二〇年の歳月が必要でした。なぜ、ここまで時間がかかったのでしょう？　「将棋」や「囲碁」の場合、ある状況において次の手として考えられる手数は「チェス」と比較してはるかに多いのです。当時「ディープブルー」を開発したメンバーのひとりは、「チェスはパターンを読むことが重要だが、囲碁は直感や目算が重要とされる」と話しています（神崎、二〇一六）。ＡＩ研究にはディープブルーの成功の後、「低迷期」が訪れます。

結局二〇年以上の歳月を経て、ＡＩ研究者はこの問題に対する解決の糸口を見つけ出します。そして、二〇一〇年頃からの「第三次ＡＩブーム」をむかえます。そこでＡＩ研究者が見つけ出した考え方は、次のようなものでした。

自分自身で自律的に学習を行うＡＩを作る

最新のＡＩはコンピュータ自身が自ら知識を獲得するための作業、つまり「機械学習 Machine Learning」を行ないます。これが「第三次ＡＩブーム」の最大の特徴です。そして特に「機械学習」の一つである「ディープラーニング（深層学習）」という手法は大きな成果を上げ、世界を驚かせています。私は、このようなＡＩの研究開発の成果がこれからの「教育」を検討してゆくときの大きなヒントになるのではないかと考えているのです（渡部、二〇一八）。

最新のＡＩはどのように「学習」するか？

「第三次ＡＩブーム」の象徴とされる出来事が、二〇一六年三月に起こりました。ＡＩ「アルファ碁」が囲碁の世界チャンピオンのイ・セドル氏に勝利したのです。イ・セドル氏は韓国棋院所属の九段で、国際棋戦優勝十数回などの実績をもつ世界最強の棋士と言われている一人です。「アルファ碁」は全五戦のうち四勝を勝ち取り、イ・セドル氏の敗戦が決まりました。

囲碁は二人のプレーヤーが白と黒の碁石を「一九×一九」の碁盤上に交互に置いていき相手の石を取り囲みながら自分の領地を広げ、最終的にお互いの領地の面積を競うゲームです。ルールはシンプルですが考えられる手の数はあまりにも膨大になり、チェス専用ＡＩ「ディープブルー」のように数手先まで起こりうるケースをしらみつぶしに調べて勝負するということは不可能です。それにもかかわらず、「アルファ碁」は世界チャンピオンに勝利したのです。

ここでさらに世界中の人々を驚かせたのは、「アルファ碁」が囲碁専用に作られたＡＩではないということでした。「アルファ碁」には、囲碁のルールすらプログラミングされていません。つまり、「アルファ碁」は人間が囲碁の打ち方や勝ち方を教えた（プログラミングした）「エキスパートシステム」ではないのです。これは、チェス専用ＡＩ「ディープブルー」とは本質的に異なっているところです。

「アルファ碁」の基になっているＡＩは「ＤＱＮ　deep Q-network」と呼ばれている、いわゆる「汎用型ＡＩ」です。「汎用型ＡＩ」は「エキスパートシステム」とは異なり、ある特定の作業をするようにはプログラミングされていません。「ＤＱＮ」はルールが異なる様々なゲームで勝利できるように開発されており、それぞれのルールは「ＤＱＮ」自身が学習しなければならないのです（三宅・森川、二〇一六、神崎、二〇一六）。開発で用いられたゲーム機は、米国アタリ社の「アタリ二六〇〇　Atari 2600」です。このゲーム機は昔から人気のあるもので、日本では「ブロック崩し」や「パックマン」などで知られています。開発では四九種類のゲームを「ＤＱＮ」にプレイさせ続け、上達を観察して記録しました。ゲームによって成果は異なりますが、多くの場合は数日で人間の上級者よりうまくプレイできるようになったと言います。そして、囲碁の学習を中心にして行った「DQN」が特に「アルファ碁」と呼ばれているのです。

「アルファ碁」が囲碁名人に勝利した要因の一つに、「ハードウェアの著しい向上」があることは疑いありません。しかし、「アルファ碁」が優れているのはそれだけではなく、「ビッグデータの活用」および「ディープラーニング（深層学習）」という新しい技術が開発されたからなのです。

さて、「アルファ碁」はどのように囲碁を学習しているのでしょう？「アルファ碁」が囲碁を学習する過程は、三段階に分かれています（三宅・森川、二〇一六、神崎、二〇一六）。

まず第一段階で、「アルファ碁」はWeb上の囲碁対局サイトにある三〇〇〇万に及ぶ膨大な棋譜の「ビッグデータ」を読み込み学習します。ここでは「ある場面における次の一手とは、どのような手なのか」という「問いと答え」に関する膨大なデータを読み込み学習します。これはAIに対し「問いと答え」のセットが明確に示されることになるため、AI研究領域では「教師あり学習」と呼ばれています。この段階でAIは囲碁のルールや定石を学習し、さらに様々な棋譜の特徴を学習することで強くなっていくのです。

第二段階は、AI研究領域では「教師なし学習」と呼ばれている段階です。第一段階で囲碁のルールや定石を覚え様々な棋譜の特徴を学習することである程度強くなったAIは、第二段階で「ＡＩ同士の対局」を自動で行ないます。「アルファ碁」の場合その対局数は三〇〇〇万局とされていますが、対局はＡＩ同士が（あるいは一つのＡＩの中で）自動で行われるため、人間の負担はまったくありません。ＡＩは架空の対局を自分自身で繰り返し「勝つためにはどうしたらよいのか」を学習します。試行錯誤を繰り返しながら「アルファ碁」自身が、自ら新しい戦略を学んでいくのです。

最後の段階で、「アルファ碁」は実際にプロの棋士と対戦します。プロの棋士は当然疲れるので対戦数は限られますが、「アルファ碁」はこの経験によって特に「プロの棋士はどのような手を打つのか」を学習します。そして再び、ＡＩ同士や自分のシステム内での対戦を繰り返すのです。ここでは、多く繰り返すほど様々な手を経験し学習を進めていくことになります。

トレーニングが完了した後、他のチームが開発した囲碁プログラムとトーナメント形式で対決させたところ、「アルファ碁」が五〇〇戦で四九九勝という圧倒的な勝利を収めたと言います。その後、三回の欧州チャンピオンの実績を持つプロ棋士に五戦全勝したのが二〇一五年一〇月のこと。そして二〇一六年三月には、世界チャンピオンのイ・セドル棋士に勝利することができたのです。

以上のように、「アルファ碁」の学習は「教師あり学習」と「教師なし学習」という二つの「機械学習」を混在させた学習方法を採用していました。最初は「教師あり学習」で囲碁のルールや定石を学習し、次に「教師なし学習」で膨大な数の対戦を繰り返し行い、学習を進めてゆく方法です。このようなＡＩの「機械学習」は、教育現場における「主体的な学び」や学習者同士の学び合いを導く「アクティブラーニング」を検討するときにも大きなヒントになると、私は考えています（詳しくは渡部（二〇一八）を参照）。

ＡＩが浸透した教育現場の「学び」

私は拙著『ＡＩに負けない「教育」』のなかで、これからの時代には、学習者の「フレーム（生い立ち、経験、考え方、価値観、文化、宗教……）」に基づく「教育」が重要になるという私の考え方を示しました。この考え方の背景には、二〇世紀後半における社会の著しい発展とその後の行き詰まりがあります。つまり、二〇世紀前半まではモノはそこにあり、コトはそこで起こっていました。そこには「状況」があり、モノやコトにはその状況のなかで生きている私なりの「意味」がともなっていました。

しかし、二〇世紀後半はコンピュータやメディアが著しい発展を遂げ、それとともに「記号」が私たちの生活を支配するようになりました。そもそもＡＩの基礎にある「コンピュータ」とは、「記号」を操作することにより様々な計算を行う機械です。一九四〇年代に誕生し二〇世紀後半に著しい発展を遂げたコンピュータは一九九五年頃以降インターネットにつながることにより、私たちの生活や社会を急速に「記号化」してきました。

現代社会の「高度情報化」と「グローバル化」は、表裏一体です。「モノやコトが記号化した時代」だからこそ、世界中が同じパラダイムで競争できるのです。世界中で起こっている出来事がリアルタイムで私たちに届くだけでなく、キーワードを数語指定するだけで最新・最先端の情報や知識を一瞬のうちに手に入れることができるようになりました。

明治時代に誕生した「近代教育」は当初から、このパラダイムを積極的に受け入れてきました。つまり、「近代教育」は世界的に通用する「『記号＝言語』を用いて表現可能な普遍的な知識」を「教育」における唯一の対象としてきたのです。そこに、学習者自身の生い立ちや経験、そしてそれによって培われる考え方や価値観は関与しません。言い換えれば、個々の学習者が置かれている状況や文脈は「学び」には関与しないとされてきました。

このようなパラダイムに基づく「近代教育」は、テクノロジーとも親和性がありました。あいまい性のない「きちんとした知識」は「記号」で表現することができ、テクノロジーを活用して効果的・効率的に学習者に伝達することが可能です。そして、それらはコンピュータで扱うことが可能な「知」でもあります。

しかし本来、「知識」とは「状況に依存しているもの」です。ある「状況」の中で「私なりの意味」を持っているからこそ、「知識」は有効なものになります。ところが二〇世紀後半、私たちは「記号」だけで「わかったつもり」になり、その結果、私たちは周りのモノやコトに「私なりの意味」を見いだせなくなっています。

さて、今後はどのような時代になるのでしょう？　ますますテクノロジーは発展し、ＡＩが私たちの生活や社会に普及・浸透してゆくことは間違いないでしょう。このような社会では、ＡＩが得意な作業はＡＩに任せることになるでしょう。例えば、「正確な知識を効果的・効率的に学習者に『教える』という作業」は、ＡＩが担うことになるかもしれません。そのような「教育現場」で教師は、必然的に個々の学習者が持つ「フレーム（生い立ち、経験、考え方、価値観、文化、宗教……）」に向き合うことになります。個々の学習者で異なる「フレーム」をどのように活かして教育を行ってゆくかの「舵取り」が、教師の非常に重要な仕事になってゆくでしょう。

そのような「教育」によって育成された「フレーム」を持つ学習者は、自分の「フレーム」を活用することにより膨大な量の「ビックデータ」の中から自分の考え方や価値観に適合した情報を選択することが可能になります。つまり、「ビックデータ」の中から「自分に必要な情報のみを受け取ること」が可能になり、また「自分のフレームに合わないという理由により情報の受け取りを拒否すること」が可能になります。

さらに、「ビッグデータ」の中から「直感」によって「何が大切か」を感じ取る（生み出す）能力にもつながります。自分の「フレーム」をしっかり認識しているということは、「理屈ではなく正しいものはやっぱり正しい」という感覚にもつながっていきます。そして、自分の「フレーム」をしっかり持っていれば、「論理的には解決できない課題」や「正答のない課題」に対しても自分の「フレーム」を活かして何とかうまくやってゆくことができるのです。

一〇年後の「教育現場」には、私たちが望む望まないに関わらずＡＩが普及・浸透しているでしょう。その時、私たちはどう対処してゆけば良いのでしょう？　早速、七人の実践研究者とともに検討を始めましょう。

文献

神崎洋治（二〇一六）人工知能がよ～くわかる本　秀和システム
小林雅一（二〇一七）ＡＩが人間を殺す日――車、医療、兵器に組み込まれる人工知能　集英社
三宅陽一郎・森川幸人（二〇一六）絵でわかる人工知能　ＳＢクリエイティブ

文部科学省（二〇一九）「新時代の学びを支える先端技術活用推進方策（中間まとめ）」http://www.mext.go.jp/component/a_menu/other/detail/__icsFiles/afieldfile/2019/06/24/1311332_01.pdf（二〇一九年一二月三〇日閲覧）なお、「最終まとめ」は二〇一九年六月二五日に出されている。https://www.mext.go.jp/a_menu/other/1411332.htm（二〇一九年一二月三〇日閲覧）

内閣府（二〇一六）「第5期科学技術基本計画」https://www8.cao.go.jp/cstp/kihonkeikaku/index5.html（二〇一九年一二月三〇日閲覧）

首相官邸（二〇一八）「未来投資戦略2018」https://www.kantei.go.jp/jp/singi/keizaisaisei/pdf/miraitousi2018_zentai.pdf（二〇一九年一二月三〇日閲覧）

渡部信一（一九九八）鉄腕アトムと晋平君——ロボット研究の進化と自閉症児の発達　ミネルヴァ書房

渡部信一（二〇一八）ＡＩに負けない「教育」　大修館書店

第1章　ＡＩ時代の「教師」を探る

植木克美・大西孝志・渡部信一

１－１　熟達教師の「経験知」をＷｅｂで若手教師に伝える

植木克美

ＡＩ時代と教師の経験知

近年、学校教師の年齢構成のバランスが崩れ、世代の異なる教師たちの自然な学び合いは困難になっています。また、職務の多忙化により教師たちのかかわりが減り、学校環境、学校文化の変化と相まって、教師たちは炉辺談話といった日常的コミュニケーションを取りづらくなっています。このような状況は熟達教師の経験知が若手教師に伝わることを難しくします。

社会の急激な変化や複雑化、価値の多様化に対応できる教育を実現するためには教師たちが先達の経験知を共有しながら知恵を出し合って教育課題に取り組む必要があります。インターネット経由で様々な条件を持つ教師がその経験知を共有できるようにすることは、全国各地の孤軍奮闘する若手教師に対して、彼らが必要とする時に時間や場所を選ばない学びの場を保障することになります。

ところで、「第五期科学技術基本計画（平成二八～三二年度）」（閣議決定、二〇一六年（平成二八年）一月）で提唱された「Society 5.0」を受け、文部科学省はこれからの時代の学びを支える先端技術活用の推進方策の検討を始めました。そして、二〇一九年（平成三一年）三月に中間まとめを出し、子どものもつ力を最大限引き出す学びを実現するために、ICTを基盤とした最適な先端技術を学びのツールとして活用することを目指しています。ここで大切なのは、先端技術を子どもの学びを支える教師の活動に置き換えるものではないということです。

さらに、中間まとめは先端技術を活用する一つの具体的イメージとして、「教師の経験知と科学的視点のベストミックス（ＥＢＰＭの促進）」を挙げています。ＥＢＰＭとは、エビデンス・ベースト・ポリシー・メイキング（証拠に基づく政策立案）とされるものです。また、経験知とは、市川（二〇〇四）によると教育実践を通じて経験的に得られる知識で、「教師本人の指導実践によるもの、他の教師の観察から得られるもの、先達となる教師から直接・間接に伝授されるもの」とされ、実際の経験や先輩教師との対話を通して、教師個人が体得するものを経験知と呼びます。教師教育研究や授業研究では教師個人がもつ経験知を検討し、熟達教師の経験知は卓越しており授業改善に役立てられること、教師の成長と経験知の体得が深く結びついていること等を明らかにしています（たとえば、佐藤、一九九二）。一方、科学的視点とは収集、蓄積された大量の子どもの学習履歴や健康状態、人間関係等のデータ、いわゆるビッグデータをＡＩが解析し、たとえば一人ひとりの子どもの実態に即し最適化した学習プログラムを提供すること等があります。つまり、教師個人が培った経験知、さらには教師コミュニティで受け継がれる先達の経験知とＡＩが解析するデータによって客観的に証明されたものを適合させていくことが「教師の経験知と科学的視点のベストミックス」であり、ひいては先端技術活用にかかわる教育政策の是非を検証することだと理解できます。したがって、新しい時代の学校教育の学びの質を高めるためには、教師たちの経験知をより一層大切にしていく必要があります。そのためには、次世代の教育を担う若手教師に経験知を体得する学びの機会を保障することが求められます。

ここでは、教師の経験知のうち、特に熟達教師から若手教師に伝授される経験知を取り上げます。そして、筆者らが実践するワークショップの経験知をＡＩが学習し、インターネット経由で様々な条件を持つ全国の教師がその経験知を共有できるようにするための工夫およびそのポイントを示していきます。このことを通して、これから一〇年間の「ＡＩ時代」到来に向けた教師教育のイメージを描きます。

世代の異なる教師たちが経験を語り合うワークショップ

筆者たちは世代の異なる教師たちが経験を語り合うワークショップのプログラムを開発し実践を進めています（保護者支援の経験交流研究会、二〇一九）。最初に、ワークショップの実践を紹介し、参加した若手教師に熟達教師の経験知がどのように伝えられたかを検討していきます。

ワークショップの組立て

人口知能の研究者である大武（二〇一三）が用いているMartin & Otake（二〇一三）が考案した「機能的生活の質モデル[1]」の枠組みを使い、ワークショップを、目標（Goal）、活動（Activity）、そして必要な資源（Resource）の三つで組立てます。まず、ワークショップが目指す目標（Goal）があります。目標は世代が異なる教師たちが経験、すなわち経験知を語り合えるコミュニティづくりです。そして、目標を達成するためには活動（Activity）が必要です。その活動は教師たちが経験を語り合うこと、その当時の感情や思いを交流することです。さらに、活動を創り出すための資源（Resource）となるのが世代の異なる教師たちそれぞれがもつ経験についての〝私（I）〟の語り、つまり一人称の語りです。

　ところで、楊（二〇一八）は経済学のナレッジ・マネジメント分野で経験知に関連する文献を整理しています。そして、経験知を「実際の経験（自ら体得した経験または他の人から学んだ経験）を通じて、習得した個人に属するもの」と定義しました。このように経験知を個人に属するものとしています。この点は先に取り上げた市川（二〇〇四）の定義とも重なります。また、諏訪（二〇一五）は知能研究の新しい流れとして一人称研究を提唱しています。諏訪によれば、人は生きてきた背景や性格、そしてものの考え方に即して一人称的視点から見渡せる世界の状況に反応し行動するといいます。さらに、身の回りの世界を一人称的視点からどのように知覚し、それに対していかに反応し、考え、行動したのか。そこに人の知が現れるとします。この知とは、すなわち経験知です。つまり、個人が体得している経験知は語り手の実体験に基づく主観が入った一人称の語りでこそ表出されると考えます。

　次に、保護者支援をテーマとして、経験を語り合うワークショップの実際を説明します。

ワークショップのプログラムデザイン

　図1－1がワークショップの場面を図示化したものです。堀（二〇〇八）によると、

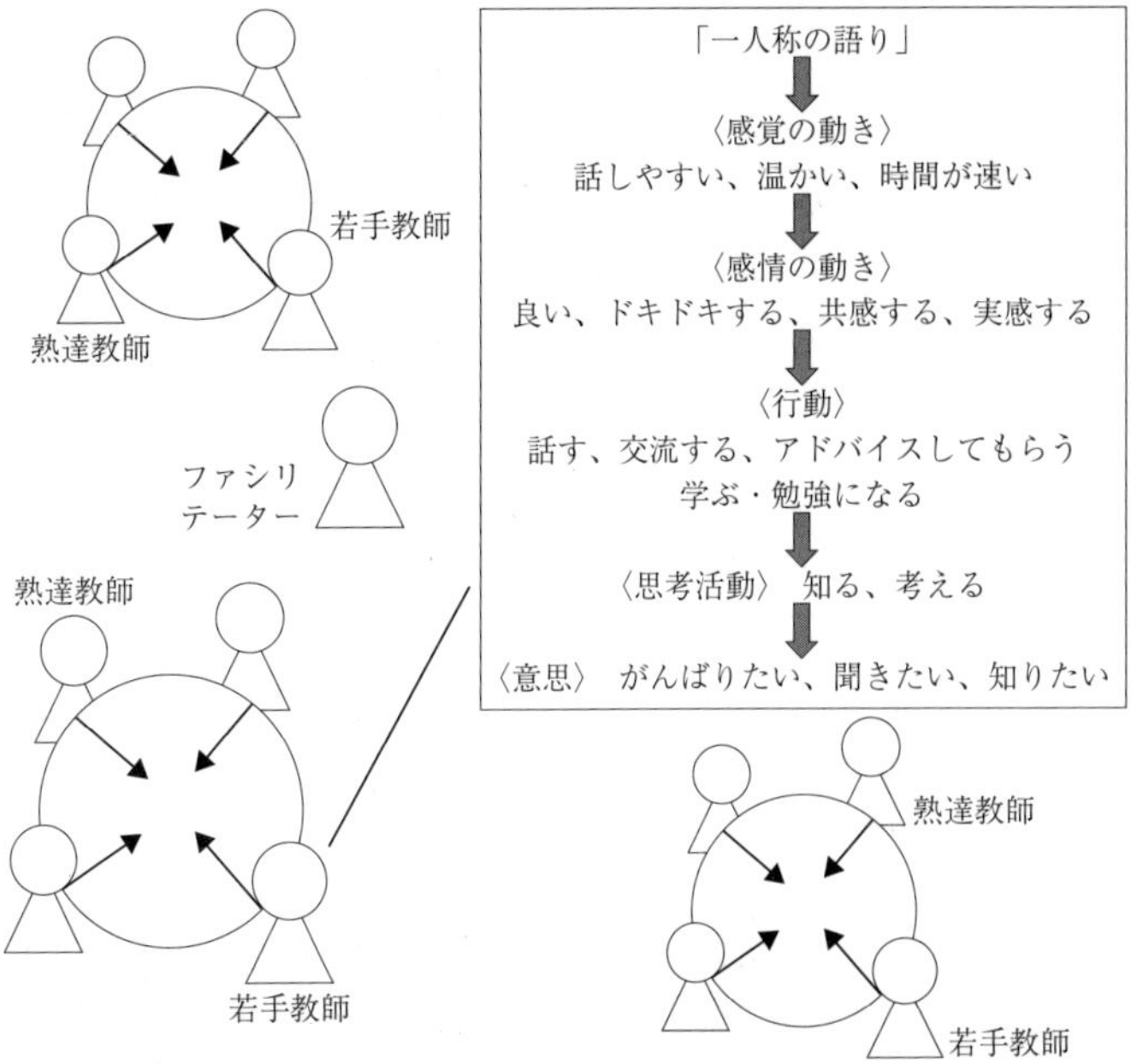

(1) オープニング（15分）：趣旨説明、グループづくり
(2) 自己紹介（20分）：グループ毎の活動
(3) 保護者支援の経験ふりかえりシート記入（15分）：個人作業
(4) 保護者支援の経験交流　グループ毎に一人ずつ順番に経験を語り合う（一人15分）
(5) グループメンバー全員による経験交流（15分）
(6) 経験交流のふりかえりシート記入（10分）：個人作業
(7) 経験交流の分かち合い（30分）：グループ毎の活動
(8) クロージング（10分）：各グループからの報告

図1-1　ワークショップの実際

ワークショップは次の三つの要素から構成されます。
①チーム（グループ）…どんな人をどんな場に集めるのか？
②プログラム…どんなシナリオに沿って活動を進めるのか？
③ファシリテーター…その場で活動をどのように舵取りするのか？
筆者たちのワークショップでは、まず①チームは二〇名程度とし、四名で一グループを構成します。グループ分けは、一つのグループに若手、中堅、熟年という異世代の教師がバランスよく入るようにします。次に②プログラムは図１‐１の下方にある四角で囲った中に示したシナリオに即して進めます。また、教師が保護者支援の経験を思い起こし、一人称の語りを促進するツールとして、経験の内容を整理するシートを用意しました。

なお、堀（二〇〇八）は③ファシリテーターの役割として、参加者が安心できる場づくりを大切にしています。筆者らは世代の異なる教師たちが対等な関係を築き、安心して語り合える場づくりのために語り合うときに約束（ルール）[2]を設定しています。そして、対話を促進するツールとして、円形のダンボール板「えんたくん」[3]（川嶋・中野、二〇一八）を用います。

ワークショップに参加した世代の異なる教師たちの学び

次に、ワークショップ終了時に実施したアンケート結果から、経験豊かな熟達教師から若手教師へ経験知がどのように伝わったかを考えます。なお、紹介するアンケート結果は平成二九年度と同三〇年度に開催したワークショップの参加者のうち、若手教師（教職経験が初任～一〇年目）二四名の結果を整理しています。アンケートは、どの程度、経験を語り合うことができたか等を数値で評定してもらい、その数値を選んだ理由を記述してもらいます。ここではその理由を検討の対象としました。

理由の記述を通覧して、最初に気づいたのは「聞く」、「話す」、「良い」、「楽しい」といった身体性を有する語彙が沢山あることでした。楊（二〇一八）は BonJour（一九八五、二〇〇二）が経験知を「自分の感覚を通じて実際に体験して習得する」ものであるとしたことを説明し、その後、多くの研究者が経験知を身体知として解釈していることを取り上げました。そして、身体知を人間の感覚機能、いわゆる五感（視覚、聴覚、触覚、味覚、嗅覚）の中の一種類または多種類を用いて、感じながら体得したものとして説明しています。

このように、経験知を身体知と解釈すると、使われている身体性の語彙から、ワークショップにおける教師たちの感覚の動きと心の動き、行動を理解できるのではないか？そして、教師たちの経験知と経験知の伝承に接近できるのではないか？と考えました。

大武（二〇一三）は身体性を有する語彙を、①感覚に関する形容詞や動詞、②感情に関する形容詞や動詞、③行動に関する動詞に分類しています。この分類を参照して、理由の記述の中に登場する身体性を有する語彙を整理してみました。

まず、①感覚に関する形容詞や動詞（話しやすい、聞く等）は若手教師の六六・七％がふれています。そして、②感情に関する形容詞や動詞（良い、思う等）は若手教師の八三・三％が記載していました。さらに、③行動に関する動詞（話す、交流する等）を記載した若手教師は九割を超えていることがわかりました。

以下に、ワークショップで若手教師たちが経験した感覚の動き、心の動きをそのプロセスに即して、少し詳しく説明していきましょう。図１－１の右上にある四角で囲った中にある記述が、若手教師が報告している身体の動きです。まず、ワークショップでは世代の異なる教師四人が「えんたくん」を囲んで順番に保護者支援の経験を一人称で語ります。時には笑い声が聞こえ笑顔が見えます。しっとりとして安らいだ和やかな、そして参加者のエネルギーが湧き出る雰囲気をファシリテーターを担う筆者は肌で感じます。語りの場は現代版炉辺の語りのような場です。このような雰囲気の中で、若手教師は世代の異なる教師たちの一人称の語りを「聞き」ます。

先輩方から、対応のヒントや方法をたくさん聞かせていただけて勉強になりました！

そして、そこから何かを「感じ」、「気づき」を得ます。これが〈感覚の動き〉です。また、若手教師たちは「話しやすい」、「温かい」、「時間が速い」という感覚をワークショップの場で持ちます。

この会場、ワークショップの進行、参加されている先生方がみんな温かく、過ごしやすい空間でした。

そしてまた、ワークショップに参加し「良かった」、自分より年長の教師と話すのは最初「ドキドキする」という感情を若手教師は抱きます。また、他の教師の語りに対して「共感する」、「実感する」という感情の動きが活発化します。これが〈感情の動き〉です。

違う環境にいて、年代が違っても共感しながら話せました。

ところで、若手教師は「話し」、「交流し」、「アドバイスをもらう」という行為を通して、「学んだ」、「勉強になった」と認識しています。

温かい、そしてすぐ実践に使えるアドバイスをたくさん話していただけて、とても勉強になりました。

さらに、若手教師は年長の教師たちの経験を「知り」、「考える」という思考活動を活発化させます。そして、「がんばりたい」、もっと「聞きたい」、「知りたい」という〈意思〉を若手教師たちは表明していました。

時間が足りないほど聞きたいことがたくさんありました。

このように、若手教師は世代の異なる教師の一人称の語りを聞き、また自らが経験を一人称で語るという行為を通して、身体知にかかわる感覚や心の動きを活発化させていたことを理解できます。そして、若手教師の身体が活発に動く中で年長の教師の経験知が若手教師へと伝えられていったことがわかります。

また、ワークショップには幼稚園、小学校、中学校、高等学校、特別支援学校という多様な学校種の教師が参加しています。学校種の異なる教師の語りから学んだことを取り上げる若手教師もいました。

ワークショップの経験知をAIが学習するための扉

理由の記述を通覧して気づいたことが、まだ他にもあります。それは、若手教師たちが世代の異なる教師たちの一人称の語りと自分の一人称の語りにある共通性を認識していることです。

どの世代でも共通した悩みがあることを知った。

世代は違っても共通する悩みがあること、またいくつになってもいろいろな人に相談することが大事だとわかった。

悩み、失敗などの事例を共有していくと、共通した課題があることに気づけました。

さらに、もう一つ気づいたことがあります。それは、若手教師が世代や学校種の異なる教師たちと一人称の語りを交流させていくことで新しい視点や考え方にふれることができた、あるいは考えを深めたと認識していることです。

交流する中で、新たな見方や考え方が深まった。

世代によって考え方も違うので、「なるほど」と考える部分が多々あった。幼稚園の先生から実際にお話を聞けて、新しい視点から見ることができて良かったです。

この共通性を認識することと新しい視点に気づくことは学びにつながります。中島（二〇一三）によると、一人称的記述は学び手に似たような経験があることで学び手のアンテナに引っかかるといいます。また、大武（二〇一三）は一人称的視点からの語り合いでは、参加者は自分以外の人の一人称的視点を追体験することができること、同じものごとを異なる角度から捉える機会となること、そして参加者が相互に思考のパターンを広げ合うことができることを指摘しています。これらを踏まえると、若手教師と似たような経験をしている熟達教師の一人称の語りに若手教師がＷｅｂ上でふれることができるようにすることが有効であるといえそうです。ところで、三宅（二〇一七）によると「何と何が似ているか」の発見には、その人にとっての意味、すなわち価値が関与しています。価値とは、心理学的な要因です。この点については後ほどもう少し詳しく説明していきます。

これまで考えてきたことはワークショップのプログラム開発、実践を通して得られた経験知から導き出されています。換言するとワークショップの経験知の一部を可視化したものです。

これで、ワークショップの経験知をＡＩが学習する時の扉が見えてきました。それでは次にこの扉を開いて、インターネット経由で様々な条件を持つ全国の教師がその経験知を共有するための工夫およびそのポイントを示していきます。

ワークショップの経験知をＡＩが学習し、インターネット経由で教師たちが経験知を共有するための工夫とポイント

インターネット経由で教師たちが経験知を共有するための基本的考え

すでに述べたように、筆者らのワークショップでは経験知を教師たちが表出できるように、実体験に基づく主観が入った一人称の語り合いを大切にしています。インターネット経由でも、この点は変わりません。つまり、Ｗｅｂのコンテンツを構成していく際に必要不可欠となる資源（Resource）が一人称的記述です。また、Ｗｅｂ上で教師たちが行う活動（Activity）は、一人称的記述を作成、登録し、それを交流することです。そして、この活動を通して目標（Goal）である教師コミュニティをＷｅｂ上の空間に創っていくことを目指します。

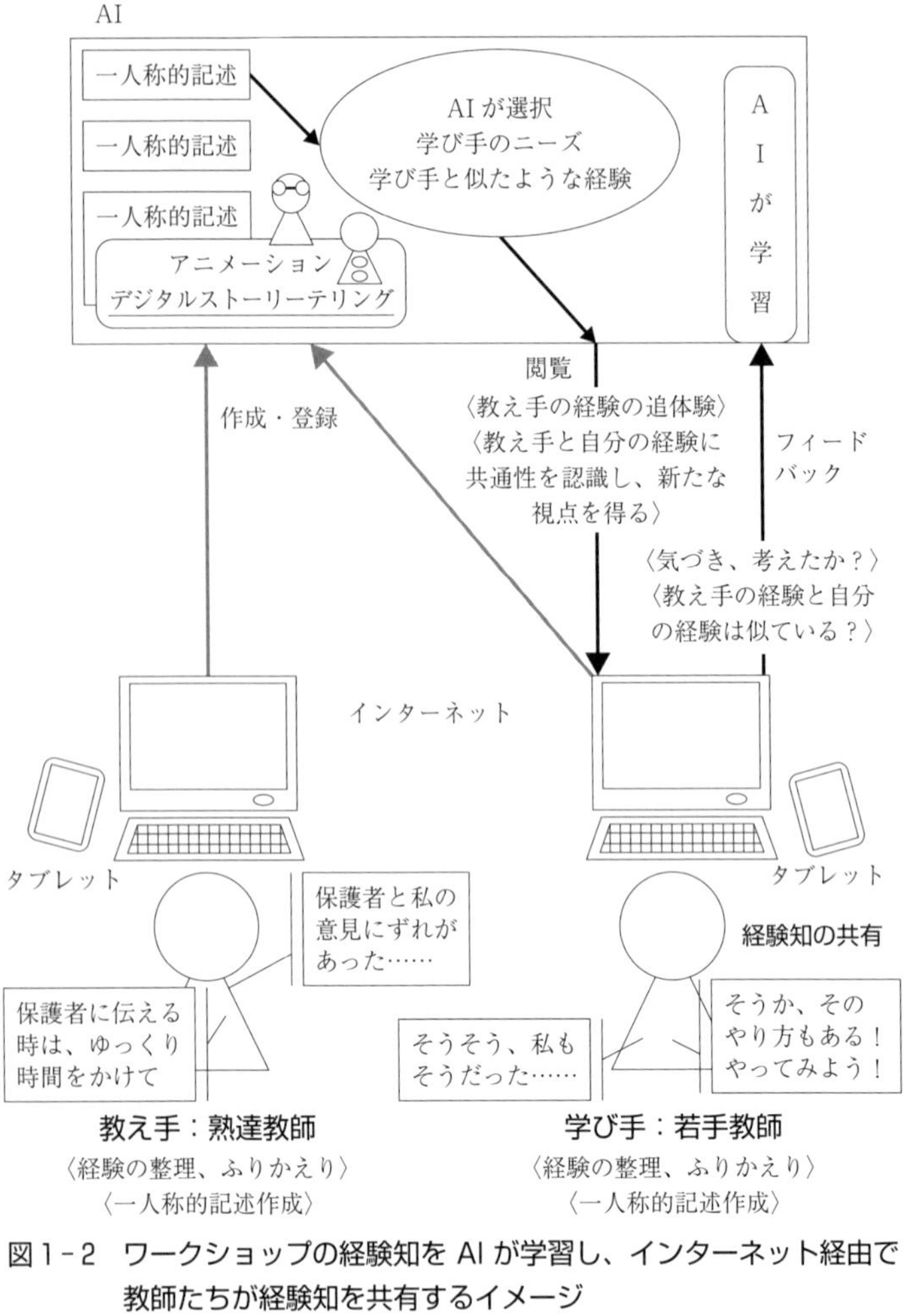

図1-2　ワークショップの経験知をAIが学習し、インターネット経由で教師たちが経験知を共有するイメージ

実体験を一人称的記述にする支援、そして学び手と教え手のコーディネーション

図1－2が、Ｗｅｂで教師たちに一人称的記述の作成と交流を保障し、ＡＩが学び手の教師に教え手の教師を選択する流れをイメージにしたものです。学び手の若手教師のために教え手の熟達教師を選択し提示することは教え手のもつ経験知が学び手に伝わることを意味します。ワークショップでファシリテーターがエネルギーを注ぐことの一つが語り合う時のグループづくりです。Ｗｅｂでは、ファシリテーターの役割をＡＩに担ってもらいます。

まず、ユーザー登録した教師が自分の経験を登録します。この時に、実体験に基づく主観が入った一人称の記述を教師が作成するのを支援するコンテンツを用意します。ワークショップでは、経験の内容を整理するシートを用意し、教師たちはまずこのシートにある項目に即して経験を整理しふりかえる個人作業を行います。この作業が一人称の語りを用意することになります。具体的には「どのような出来事があったか」や「当時の自分の感情や思い」、「保護者との認識のズレを感じたか」「グループの教師たちからアドバイスしてもらいたいこと」等の項目が経験をふりかえる観点です。このふりかえりシートをコンテンツ化することで、教師が一人称的記述を作成するのを支援できると考えます。入力は文字入力と合わせて音声入力も用意できると教師の経験がより身体性を帯びて登録されます。音声入力情報をＡＩによってデフォルメしたり、登録された内容をデフォルメする等

の機能をコンテンツにもたせることで個人情報を保護できます。さらに、キャラクターを登場させアニメーションやイラスト、音楽等を組み合わせ経験を再構成することで、一人称的記述をデジタルストーリーテリングの形式にして登録、閲覧できるようにします。こうすることで、登録した教師、閲覧する教師双方の感覚の動きや心の動きが活発化するのではないでしょうか。

次にＡＩが学び手の教師のニーズを把握して、教え手の教師を選択します。ここでは、選択の基準を二つ挙げます。一つは学び手が希望する教え手の属性（教職経験年数や学校種、登録されている経験の概要等）です。もう一つが学び手と似たような教え手の経験です。「似たような経験」はすでに取り上げたように、人の学びをつくり出します。

その次は、学び手が選択された教え手の一人称的記述を閲覧します。三宅（二〇一七）が述べているように、ここで学び手のアンテナに引っかかり教え手の経験が自分と似たような経験であると認識されると、教え手から学び手に経験知が伝わると考えます。

そして、最後は学び手に評価を求め、それをＡＩにフィードバックします。学び手に教え手の一人称的記述を閲覧して感覚と心が動いたか、そして教え手の経験と自分の経験に共通したところがあったか、新しい視点を得たか等を評価してもらいます。

Ｗｅｂ上で複数の教師たちが互いの一人称的記述を閲覧し感想を交換し合うことで、経験知を共有するコンテンツを作成することもできそうです。また、ワークショップのグループづくりをＡＩが行なうこともできます。

なお、教師たちが安心して一人称的記述を作成、交流できるようにするには個人情報の守秘、著作権やＷｅｂの利用規約等を丁寧に構築する必要があることはいうまでもありません。

ところで、この流れの中で、若手教師の学びを深めるために特に大切なのが学び手からＡＩへのフィードバックです。このことについて、さらに説明を加えていきます。

学び手の若手教師からＡＩへのフィードバック

ここではＡＩが若手教師に教え手である熟達教師の一人称的記述を選択する基準として設定した「似たような経験」を考えてみます。

三宅（二〇一七）によれば、ＡＩは「何と何が同一であるか」の問いに答えるのは得意ですが、「何と何が似ているか」という問いは苦手としているそうです。つまり、「何と何が似ているか」というメタファーの力こそが人間の知性の持つ根源的な力であり、人間はメタファーの力によって一つの経験をいくえにも他の体験に生かすことができるというのです。そして、「何と何が似ているか」の発見は、その人にとっての体験の意味、つまり価値が関与しているのです。また、その体験における価値の分配、価値の視点設定は人によって異なるといいます。

したがって、このように極めて個別性の高い問いである「何と何が似ているか」、「誰の一人称的記述と誰の一人称的記述が似ているか」をＡＩに学習してもらう必要があります。若手教師一人ひとりが熟達教師の一人称的記述と自分の一人称的記述が「似ている」という意味づけ、つまり価値を付与し、それをＡＩにフィードバックすることで、ＡＩはその関係づけを学習できます。

見方を反転させると、このことは若手教師が認識する熟達教師の「似たような経験」の本質、つまり意味をＡＩの行う統計的手法によって解き明かすことになるのではないでしょうか。若手教師は熟達教師の一人称的記述のどこに着目して、なぜ似ていると認識したのか。若手教師の学びの本質をＡＩの世界から探っていくことができるのではないかと考えます。

ＡＩ時代を教師がより良く生きるために

この節では、まず世代の異なる教師たちが経験を語り合うワークショップの実践から、教師たちの経験知は語り手の実体験に基づく主観が入った一人称の語りでこそ表出されるという考えを導きました。そして、ワークショップに参加した若手教師は感覚や心の動きといった身体を通して世代の異なる教師の経験知にふれ、熟達教師の一人称の語りと自分の経験に共通性を認識し新しい視点を獲得することがわかりました。

次に、ワークショップの実践により得られたこれらの経験知をＡＩが学習して、Ｗｅｂ上で教師たちが互いの経験知を共有するための工夫とポイントを示しました。経験知を伝えるための一人称的記述を教師たちが作成する支援と、経験知を学ぶ若手教師と教え手の熟達教師をコーディネートするという支援の二つをＡＩが学習できるように工夫しました。そして、学び手と教え手のコーディネーションには、学び手の感覚や心を動かし、学び手にとって自分の経験と似ていると感じる経験をもつ教え手をＡＩは選択するということがポイントになることを示しました。

堀（二〇一三）は人が何かをできるようになりたいともがいている時に、その道の達人の語りを聞いて、開眼するということはあるかもしれないといいます。つまり、若い教師が教師として一通りのことができるようになり、もっと熟達したいと考える時に、先達の行為を見て真似したり語りを聞いたりすることで教師として開眼していくことがあるのかもしれません。若手教師が難しい状況におかれたときに、身近にモデルになる熟達教師が不在であっても学べる環境をＡＩの力を使い創っていけるのではないでしょうか。そして、人は「学んだ」と認識した時に達成感、心地よさを感じます。それは、渡部（二〇一八）がいうＡＩの存在自体を人が「心地よい」、「ハッピーである」と感じることにつながるのではないでしょうか。対面によるワークショップで教師たちが感じ取った「温かい」といった場の雰囲気をＡＩとの関わりのなかで教師たちが感じることができれば、人はこれからの「ＡＩ時代」をより良く生きることができるのではないかと考えます。

附記

ワークショップの実践にご理解とご協力を下さいました先生方に衷心より感謝申し上げます。本研究の一部は日本教育工学会 二〇一九年秋季全国大会、北海道臨床教育学会第九回大会で発表しました。

註

（１）老年期に人が質の高い生活を送れるように、それぞれの人がもっている身体的機能等（Resource）を活用して有意義な活動（Activity）と目標（Goal）を追求するモデルです。

（２）語り合うときは、グループのメンバーそれぞれの経験、考え、感情を大切にして交流しましょう、発表者が語り終る最後まで聴きましょう等の約束（ルール）があります。

（３）川嶋らが考案し、二〇一三年に誕生した直径一メートルの円形ダンボール板です。筆者らのワークショップでは、図1-1のように、グループのメンバー四名が集まり、ひざの上に「えんたくん」をのせて、経験を語り合い、交流する中で感じたことや考えたことを「えんたくん」に書き込んでいきます。

文献

BonJour, L. (1985) *The structure of empirical knowledge.* Harvard University Press.

BonJour, L. (2002) "Internalism and externalism". P. K. Moser (Ed.), *The Oxford handbook of epistemology.* Oxford University Press. pp. 234-263.

保護者支援の経験交流研究会（二〇一九）異世代教師連携による保護者支援を語るワークショップ（手引き）　平成三〇年度北海道教育大学学長戦略経費

堀公俊（二〇〇八）ワークショップ入門　日本経済新聞出版社

堀浩一（二〇一三）Polanyi のいう「傾倒」と語ることの関係はどうなっているのでしょうか？　諏訪正樹他　一人称研究にまつわるQ&A　人工知能学会誌、第二八巻第五号、七四五-七五三頁

市川伸一（二〇〇四）第八章　科学知は授業実践とどう関わるか　梶田正巳（編）授業の知――学校と大学の教育革新　有斐閣、一四五-一六〇頁

川嶋直・中野民夫（二〇一八）えんたくん革命――一枚の段ボールがファシリテーションと対話の世界を変える　みくに出版

Martin, M., & Otake, M. (2013) The functional quality of life (fQOL): Model and its application to the coimagination method. *Proceedings of the 27th Annual Conference of the Japanese Society for*

Artificial Intelligence. pp. 1-4.
三宅陽一郎（二〇一七）なぜ人工知能は人と会話ができるのか　マイナビ出版
文部科学省（二〇一九）新時代の学びを支える先端技術活用推進方策（中間まとめ）
内閣府（二〇一六）第五期科学技術基本計画
内閣府（二〇一八）平成三〇年度内閣府本部ＥＢＰＭ取組方針
中島秀之（二〇一三）客観的研究と主観的研究　人工知能学会誌、第二八巻第五号、七三八－七四四頁
大武美保子（二〇一三）認知症から見る人間の知能と人工知能による支援　人工知能学会誌、第二八巻第五号、七二六－七三三頁
佐藤学（一九九二）反省的実践家としての教師　佐伯胖・汐見稔幸・佐藤学（編）学校の再生を目指して2　教室の改革　東京大学出版会、一〇九－一三四頁
諏訪正樹（二〇一五）まえがき　諏訪正樹・堀浩一（編著）人工知能学会（監修）一人称研究のすすめ――知能研究の新しい潮流　近代科学社、iv－vii頁
渡部信一（二〇一八）ＡＩに負けない「教育」　大修館書店
楊成寧（二〇一八）ストーリー・テリング伝達法による個人間経験知の伝達　経済科学、第六五巻第三・四号、一七－三〇頁

1－2　Webを活用した「教員研修システム」の構築

大西孝志

AI時代と専門性の継承

私はかつて、聾学校（現在の特別支援学校。以下「聴覚支援学校」と記します）の教員(1)でした。そこでは重度の聴覚障害(2)がある子どもたちが学んでおり、補聴器の活用、手話等の視覚的なコミュニケーションの手段の利用、視聴覚機器の活用を通して、不足する情報を補いながら各教科等の指導を行っていました。

聴覚支援学校は現在、全国にわずか百数校しか設置されておらず、これは私が勤務していた昭和の終わり頃とほぼ変わっていません。しかし、そこで学ぶ聴覚障害がある幼児児童生徒は、昭和の終わり頃には八〇〇〇名を超えていたものが二〇一八年は五五〇〇名程度に減少しています。従って、どの聴覚支援学校においても集団の確保が課題となっています。在籍人数減少の背景には出生数そのものの減少に加えて療育・教育の開始年齢の低下に伴う地域の小学校へ就学する者の増加、高性能補聴器等による聴覚活用が可能な幼児児童生徒の出現などが理由として挙げられます。さらに、インクルーシブ教育システムの普及による、地域の小学校等を学びの場に選択する保護者の増加も理由の一つとして考えられます。

このように、ごく限られた子どもたちに対して指導を行う教育機関である聴覚支援学校ですが、そこに一人でも聴覚障害児がいる限り専門的な指導を提供することが求められています。

しかし、子どもたちを指導する教師(2)がどのような養成を経て指導技術や資格を取得し、教育を行っているのかということについては、意外と知られていません。

本章では、聴覚支援学校教員の専門性とそれを習得するためのＷｅｂを活用した研修システムについて述べたいと思います。そして、これから一〇年後の聴覚障害教育の現場がどのようになっているのかを予測し、対象者が限られた領域における指導技術伝達の在り方について考えていきたいと思います。

聴覚支援学校の教師の専門性

聴覚支援学校に在籍する児童生徒の障害の程度は、学校教育法施行令に「両耳の聴力レベルが概ね六〇デシベル以上のもののうち、補聴器等の使用によっても通常の話声を解することが不可能又は著しく困難な程度のもの」と定められています。このきこえの状態は、補聴器等がなければ静かな部屋での一般的な会話音がほとんど聞こえない程度であり、通常の学級においては担任の音声による指示は聞き取ることが困難です。

従って、このようなきこえの程度の児童生徒に対して授業を行う際には、様々な配慮事項が必要となります。また、聴力（情報入力）に障害があるということは音声言語（日本語）の獲得にも大きな影響を及ぼします。そこで、聴覚支援学校の教師は情報の入出力に係る配慮を常に念頭に置きながら、各教科等の指導を行うことになります。

この聴覚支援学校に勤務する教員は、全国聾学校長会の二〇一八年の調査によると、約四五〇〇名です。単純に計算すると、一都道府県に一〇〇名未満しかいない職種ということになります。毎年各校に新規採用となる教員は平均すると一名程度であり、小規模の聴覚支援学校においては数年間新しい先生が来ていないという状態も珍しくありません。

私が教員をしていた頃、新規採用者から、次のような質問を受けることがありました。

「明日の入学式ですが、（私は手話があまり得意ではありません）どのように自己紹介をするとよいのでしょうか。」

「（小学部の）教科書に出てくる言葉の手話表現が分かりません。参考書や手話辞典を貸してください。」

「担任する児童のご両親に聴覚障害がありますが、始業式後の懇談をどう進めたらよいのですか。」

「音楽の授業では何を、どのように指導するとよいのですか。」

これらの質問は、学生時代に聴覚支援学校の教育実習を経験していない者、聴覚障害のある子どもと接した経験のない教員からのものでしたが、実はそのような教員の方が圧倒的に多いのが現状です。

聴覚支援学校の教員になるためには本来、特別支援学校教諭免許状（聴覚障害領域）の所持が必要です。ところが、実際にはこの免許状を保有していなくても教員になることは可能です。現行の制度では基礎免許状と言われる、小・中学校等の免許があれば、特別支援学校の教員になることができるためです。

近年は、特別支援教育に対する関心の高まり、障害に応じた専門性が必要であることが共通理解されるようになったため、特別支援学校教諭免許の所有（及び取得見込み）を教員採用の受験条件と定めている自治体が少しずつ増えてきています。特に、対象児童生徒が多く、すべての都道府県に教員養成課程を置く大学がある知的障害に関しては、この傾向が強くなっています。

しかし、教員養成課程を置く大学が限られている視覚障害、聴覚障害等に関しては、「免許はなくても受験が可能であるが、採用後一定期間内に当該障害種の免許を取得すること」というように、免許の有無は採用の必要条件とはなっていません。免許の所有を義務化すると、稀少障害種の特別支援学校では教員が確保できないからです。

二〇一八年現在、特別支援学校教諭（聴覚障害）の課程認定を置く大学はわずか一八大学（国立大学法人一四校、私立大学四校）に限られており、特別支援学校（聴覚障害）の新規採用者の免許状保有状況は五障害の中では最も低い四割弱です。つまり、新採用になる約六割の教員は、聴覚障害教育の養成を受けずに指導を行っているということになります。

また、特別支援学校教諭免許状（聴覚障害領域）を取得するための教育実習については、必ずしも、聴覚支援学校での実習が必要となっていません。学校数が限られているため聴覚支援学校だけでは全ての実習生の受け入れは不可能であり、多くの学生は知的障害特別支援学校の教育実習を経験して特別支援学校教諭免許状（聴覚障害）を取得することになります。つまり、聴覚障害領域の特別支援学校教諭免許状をもってはいるものの、聴覚支援学校は見たことがない、聴覚障害児には会ったことがないという者が多数いるという奇妙な状態が蔓延していることとなっています。

教員の研修方法

従って、聴覚支援学校の教員の多くは、採用となってから聴覚障害児への指導方法を研修によって身に付けていくことになります。ところが、この聴覚障害教育に関する研修を受けることは簡単ではありません。研修会の開催や関連専門書が限られているからです。

小・中学校に勤務する教員が、

「週末に市内の研修センターに算数指導の専門家が来るので話を聞きに行く」

「社会科教育の指導技術の月刊雑誌を定期購読している」

「長期休業中に北海道国語科研究大会があり、同僚と一緒に参加する」

といった、指導技術、専門性向上のための研修に参加している話を聞く度に、聴覚障害教育に関する研修へのアクセスのしづらさを実感しました。

聴覚障害教育に関する専門雑誌は、筑波大学附属聾学校（現在の聴覚特別支援学校）が編集発行している『聴覚障害』という月刊誌だけで、その他の民間出版社から発刊されている聴覚障害教育に関する専門雑誌はありませんでした。また、専門書といえば耳鼻科的な視点で書かれたもの、構音（発音）指導の視点で書かれたもの、指導法の視点で書かれたものが何冊かはあるものの、その数は限られていました。長年、聴覚障害教育に携わった教師が自費出版の形で本をまとめ、その書評が先の『聴覚障害』に掲載され、それを注文購入するということが多かったと思います。

研修会といえば、対象校が一〇〇校程度ですから、広域の聴覚支援学校（東北地区など）が年に数回（一、二度）研究会を開催するというのが普通でした。しかし、泊を伴う出張形式の研修会であるため全教員が参加することはできず、代表数名が参加し、そこでの研修内容を後日報告会の形で校内に還元するという情報共有が行われていました。

また、多くの学校が学年単学級のため、自分が担任している学年の指導法を他の教員の授業参観によって学ぶという機会はなかなかなく、「同じ学年の子どもはどのように指導を受けているのか」ということを常に知りたかったものです。

そこで私の場合は、夏休みに上京して発音指導の研修を受講したり、長期休業中に関東で開催されるビデオ授業研究会に参加したりするという機会があればそれに積極的に足を運んでいました。ただしこの場合、研修のための時間とお金がかかり全ての教員がそれを実践することはできませんでした。

Ｗｅｂを活用した教員研修

現在は、教育全般について、指導技術向上のための情報をＷｅｂ上で得ることができるようになりました。特に、以前は得ることが難しかった稀少障害に関する指導技術についても知ることができます。また、分からないことをインターネットを利用していつでも調べることができるという環境は、研修時間が十分にとれない中でパソコンが得意な若手教員にとって効果的な研修方法でもあります。

インターネットを検索してみますと、聴覚障害教育に関する様々な情報を得ることができます。Ｗｅｂ上で得られる聴覚障害教育に関する情報の例としては

- 聴覚障害の原因、障害の程度
- 聴覚に障害がある子どもの学びの場
- 補聴器、人工内耳について

・手話、指文字について（手話表現を動画で見ることが可能）
・集団補聴システムについて（FM式補聴器等）
・オージオメータ等機器の扱い方について
・発音指導の実際（発音指導の教材の作り方や指導法を動画で見ることができる）
等があります。

私が教員になった昭和の終わり頃は、補聴器等の扱い方や発音指導の方法を分かりやすい動画で視聴することは困難であり、指導の仕方が文章と挿絵で記された専門書を読むこと、もしくは同僚に教わったりすることが、「資質・能力」向上のための方法でした。その後、ビデオテープが普及し聴覚障害児の指導のビデオ（動画）が登場し、それを自分の教室でいつでも繰り返し見ることができるようになったときには感動しました。

それが現在は、言語聴覚士、特別支援学校関係者、補聴器のメーカー等が作成した機器等の扱い方、聴力検査の方法、発音指導の技法などの動画を視聴することも可能になりました。関係者がごく限られている聴覚障害という領域の「能力」と「専門性」を簡単に手に入れることができるようになったことについて、インターネットが果たした役割は大きいと思います。

ところが、このような研修ができるにもかかわらず、「動画を見て資質・能力が高まった」「専門性が習得できた」という話はあまり聞きません。また、「本校では必要な情報をインターネットで入手するから今年度は研修会を開催しない」という学校も出てきません。依然として、年に数回だとしても時間をかけて関係者が集まり、授業（時には授業の動画）を見ながら指導方法について議論し合うというこれまでの研修が続いています。これは、通常の教育にも共通して言えることです。

現在のＷｅｂから得られる研修コンテンツは「（機器等の）扱い方」「聴覚障害とは」といった知識に関する情報が大半を占めています。情報の量の充実はＷｅｂが最も得意とするところであり、インターネットでつながっている限りそれは増え続けます。聴覚障害という領域でもそれは同様であり、指導に必要な情報は検索が可能です。ただし、検索のためには必要な情報は何かという見極めが必要であり、これには一定の経験が必要です。

また、「子どもの言語概念を広げるためにはどうするとよいか」「聞こえにくい子どもの音楽の指導はどのように進めたらよいか」「心情を読み取らせるにはどうしたらよいか」というような、日常、聴覚障害児に接していると必ず話題になるようなことに対して、Ｗｅｂに掲載されている文面から回答を得ることは現時点では困難だと思います（特に担当する児童生徒に合った回答を得ることは難しい）。これらは、単なる情報だけでは対処できない、子どもの実態把握やこれまでの指導の経緯等を踏まえた個に応じた指導力が求められるからだと思います。

「聴覚障がい教育における授業づくりのコツ1．2．3」の開発

私は現在、年間三〇回程度、聴覚支援学校を訪問し、授業参観、授業反省会（検討会）に参加し、先生方の専門性向上を支援しています。私が聴覚障害児の指導経験が浅い先生の授業を観て常々課題であると感じていることは、以下の二つです。

一つ目は、授業研究、教材研修を一生懸命行って子どもを伸ばしているものの、教員自身はどこが聴覚障害児にとって良い指導となっているのか分かっていないという点。

二つ目は、あと少し工夫をすると聴覚障害児の理解が早まるにもかかわらず、現状の指導に満足している点。

すなわち、聴覚障害児に接した経験が少なく指導経験も少ないため指導のコツが分からないまま、力ずくでの指導を行っているということです。膨大に時間をかけて繰り返し行う指導も一定の効果は上がりますが、学ぶ楽しさ、効率的な学びとはなり得ません。しかし、聴覚障害児の学びの特性を知らないのですからポイントをふまえた指導ができなくても仕方がありません。

東北福祉大学 大西 孝志 研究室

聴覚障がい教育における 授業づくりのコツ1.2.3

動画の下にあるタイトルをクリックすると詳細ページが表示されます。

2018年12月9日

東北福祉大学における聴覚障がい学生への情報保障（ＵＤトーク）

東北福祉大学では聴覚に障害がある学生の授業の情報保障に音声自動認識システム（ＵＤトーク）を活用しています。動画は授業の場面です。本時は他の学生に紹介するために正面スクリーンに話者の話を投影していますが通常は、聴覚障がい [...]

0 COMMENT(S)

2018年12月9日

デジタル無線補聴システムと音声認識アプリを活用した取組（山形聾学校）

山形聾学校で音声認識アプリの報告です。(平成29年度ろう教育科学会東北宮城大会での報告集より）聾学校における情報保障は今後一層に進んでいくことと思われます。ただし、発達段階や障害の状態に合わせて聴覚の活用を通した音声、文 [...]

0 COMMENT(S)

2018年12月7日

少人数指導で多数の意見を取り入れる方法（ＬＩＮＥ活用）

少人数のクラスでは話し合いができないことがあります。この学校では質問に対して友だちの意見をＬＩＮＥ画面で知るという方法をとっていました。

0 COMMENT(S)

2018年12月7日

少し操作の方法が分かってきた（動画が一覧画面）

0 COMMENT(S)

図１-３　「聴覚障がい教育における授業づくりのコツ 1.2.3」
（現在、パスワードを入力した者のみ閲覧可能）

そこで、誰かが指導の様子あるいは提示している教材をみて、聴覚障害児にとって「今の発問はよい（悪い）」「作成した掲示物は分かりにくい」などの解説に、詳しく具体的な理由を付けて伝えていくことが必要です。良い点、悪い点の理由が分かれば、それを他の指導場面に応用することが可能になります。

そこで私は現在、「聴覚障がい教育における授業づくりのコツ1．2．3」というWebサイトを開設し、聴覚障害教育に関する情報提供をするとともに、Webを活用して実際に授業を参観した教員に対して指導技術向上のためのアドバイスを行っています（図1－3）。

ここに掲載しているコンテンツは、「聴覚支援学校での指導技術や聴覚障害児にかかわるときの配慮事項に関する内容（一般的な知識）」と「訪問時に見た授業や教材（実践）についてのコメント」から構成されています。前者の情報は他の書籍やWeb等でもその内容を得ることが可能ですが、後者の授業等に基づいた助言は、実際に見た授業や教材などを話題としているため、その授業を行っていた指導者にとっては指摘事項が具体的で分かりやすいという利点があります。

訪問時、参観したすべての授業について、その場で気付いたことを伝えてくることは時間上の制約もあり困難ですが、学校の了解を得てできるだけ多くの授業（板書・教材等）

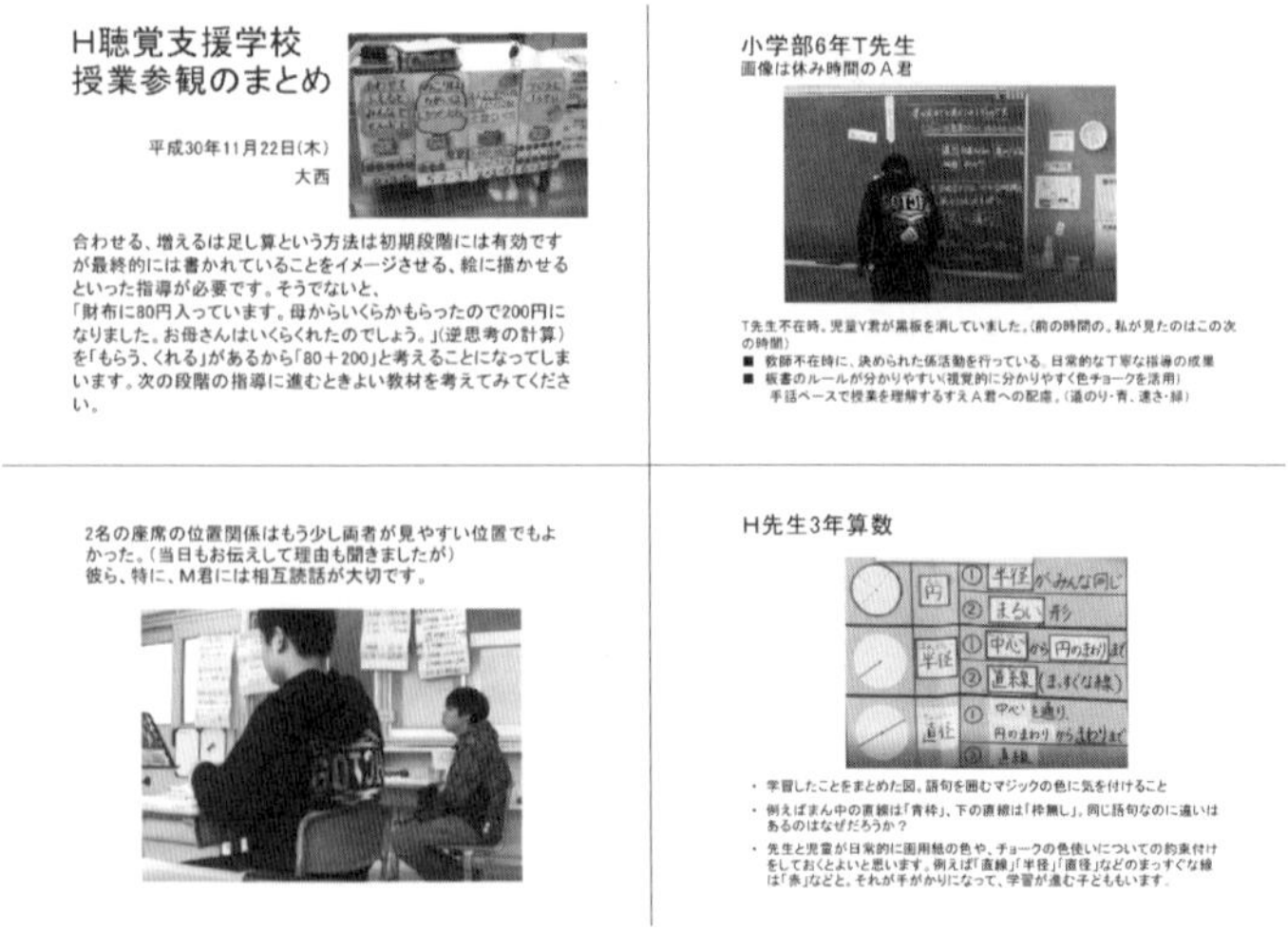

図1-4　スライドによる情報発信

を撮影して持ちかえり、それにコメントを付けて、後日スライドによる情報発信（図1-4）の形で本人とやりとりすることは、結果的に授業者とのコミュニケーションとなり、それが聴覚障害児指導におけるコツの伝授の機会となっています。

このようなＷｅｂを活用した研修（学び）は、

①教員の実践に即して行なえること
②アドバイスの内容が授業者にとっては具体的であること
③時間が経つと文字、発言だけの助言では、イメージしにくい指摘等が、写真、動画等により具体的に想起できること
④授業反省（ふり返り）が、いつでも行えること

といった点に効果があります。特に③と④は、Ｗｅｂの利点を生かした研修形態だと思います。

また、Ｗｅｂを活用した研修の輪を広げていくと、聴覚支援学校の専門性継承の課題である「同学年、同じ発達段階の子どもの様子を知る機会が少ない」「遠方の聴覚支援学校まで出向く旅費がない」ということを解消することもできます（例えば、いくつかの聴覚支援学校一年生で行われている算数の「時こくと時間」の指導の様子をまとめ、良い点、改善点等を一覧にまとめて比較し、閲覧者が自身の指導に生かせるようにする等）。

一方、Ｗｅｂを活用した研修サイトを作ってみて、今後改善しなければならない点もいくつか明らかになりました。本来であれば、参観した授業の動画（一部分）を観られるようにして、そこに指摘事項を書き込んでいくと分かりやすいのですが、授業のＷｅｂ公開については はパスワード等で管理したとしても広く公開することには難しさがあります。そのため、現状では授業に対する個別的な指摘は個人宛のメールを活用して行なっています。

また、Ｗｅｂを活用した研修には、聴覚障害教育に関する経験があり授業や教材等についての「コツ」を端的に伝えることができるメンター役の教師が必要になります。聴覚障害教育に関する知識だけではなく、経験則に基づいた指導技術を分かりやすく伝えることができる教師を集めなければいけません。

「聴覚障がい教育における授業づくりのコツ1．2．3」で行なっている研修は、本来学校内で行うべき研修をＷｅｂ活用で行なっているに過ぎません。今後、Ｗｅｂを活用した教員研修のコンテンツを充実させるためには、メンター役となることが可能な聴覚障害教育を熟知している教師を見つけ、そのネットワークを構築することが大切です。

一〇年後のテクノロジー活用による教員研修

現在、大手の大学受験予備校では、私が高校生の頃（昭和五〇年代の終わり頃）には一般的であった大教室での一斉講義という授業形態だけではなく、一人一人に応じた動画配信式の授業が見られるようになりました。これらは、いつでも講義を受けることができる、繰り返し視聴することができる、どこでも学ぶことができる、という学習者にとって時間面、距離面の制約が少ない、効率的な学びの形態だと思います。そのため、以前は都市部に下宿して大学受験を目指していたような浪人生が、地元で大学を目指すことができるようになりました。

このことは教員の研修においても同様だと思います。現在、学校教育が抱える課題は、一斉型研修ではなかなか対応しきれない複雑な問題が多くなってきました。また、教員の業務軽減のための効率的な働き方、研修の在り方も求められています。これらを踏まえると、これからは学校においてもインターネット等を活用した研修システムを導入することが必要であると思います。

近い将来、個別の指導計画等に子どもの実態を細かく入力すればＡＩがベテラン教師と同じような指導方法を提案することも、部分的には可能になってくると思います。膨大なデータの中からニーズに合わせた対応方法を用意することは、ＡＩの最も得意な領域だからです。

しかし、ＡＩによって提案された指導方法の中からどれを選択するとよいのか、子どもの実態に合わせてどこまで指導するとよいのか、評価の基準はどこに置くのか、という微妙なさじ加減は、実践の中でその感覚を学んでいくことが必要です。なぜなら、子どもの指導や子育てに関しては唯一無二の正解が存在しないからです。ある子どもには功を奏した指導が、別の子どもには成果が出ないこともあります。特に、一般論だけでは判断しがたい障害のある子どもの指導においては、今、目の前の子どもに何が必要なのかということを瞬時で見抜く職人的な感覚も必要です。

これからは、時間と場所を選ばないテクノロジーを活用した研修システムと、先輩からの経験則（経験と勘）に基づく指導技術の伝達により手取り足取り教わるような研修の形態をうまく組み合わせながら、教員の専門性を総合的に向上させる必要があるのではないかと思います。

註

（1）本文中の「教師」は専門性・指導力のある者、「教員」は資格を有し児童・生徒の指導に当たっている者、と使い分けている。
（2）本節（1-2）では、原則として「障がい」ではなく「障害」を使用している。

文献

文部科学省（二〇一八）学校基本調査
ＮＰＯ法人ろう教育を考える全国協議会（二〇一一）ろう教育の専門性向上のために
大西孝志（二〇一八）ろう教育に関わる教員養成の現状と課題　日本手話研究所（編）手話・言語・コミュニケーション、第六号　文理閣、六四-九三頁
坂本多朗（一九八六）けんちゃんはどうして話ができるようになったのか　日本学校保健研究所
坂田午二郎（一九九〇）発音発語指導法　はまゆう言語教育会
全国聾学校長会（二〇一一）聾学校における専門性を高めるための教員研修用テキスト
全国聾学校長会（二〇一九）聴覚障害教育の現状と課題

●ディスカッション●

ＡＩ時代の「教員研修」のあり方とは？

植木克美×大西孝志×渡部信一

「Ｗｅｂによる教員研修」の必要性

渡部　近年、教師の年齢構成のバランスが崩れてますね。

大西　その通りです。それで校内の自然な学び合いが難しくなっているというのは、いろいろな学校を訪問して実感することです。

渡部　ベテランの先生から若い先生へのアドバイスなんかが少なくなっているのですね。

大西　はい。さらに「働き方改革」によって、以前よりも研修の時間確保が難しくなっていることも事実です。

渡部　学校現場にも「働き方改革」の影響が出ているのですね。

大西　以前は、校内での研修会の終了時間はかなりルーズだった気がします（笑）。でも今は、勤務時間をきっちりと厳守しなければなりません。質問したいことがあっても、後日、担当者がまとめてメールで送りますということが少なくありません。

渡部　そこまで厳しいのですね。

大西　また、教師同士が授業のことをおしゃべりしていて……まあ、これが本当の意味で「研修」なのですが、夜遅くなるということも最近はとても少なくなりました。

渡部　退勤時間を守ることを強く求められているのですね。そこで「Ｗｅｂを活用した研修」が求められる……。

大西　はい。実は私が教育委員会に勤めていた頃、教員向けの初任者研修や経験者研修等で「Ｗｅｂ配信」を活用したことがあります。全員が受講しなければならない研修、例えば「県の教育について」や「特別支援教育の現状と課題」などの研修を「Ｗｅｂ配信」し、それぞれの勤務校で視聴して研修してもらうという取り組みを行ったことがあります。

渡部　北海道の教育委員会の取り組みですね。なにせ北海道は広いですから、そのような取り組みは効果的だったのでは？

大西　残念ながら、受講者からの評判はあまり良くありませんでした。当時のシステムは双方向になっていなかったため、一方的な情報の提供という面もあったためだと思います。

渡部　「ビデオに撮ってそれを各校で見る」というのと、何ら変わらないわけですね。
大西　はい。そしてなぜか、集まって研修を受けることに重きを置いている教師が多くいたのです。これが今後、どのように「インターネット経由での研修」に置き換わっていくのか、置き換えられない部分があるのかということについて、とても興味があります。
植木　大西先生の「聴覚障がい教育における授業づくりのコツ１．２．３」というＷｅｂサイトを、大変興味深く拝見させていただきました。
大西　ありがとうございます。聴覚支援学校では、そこに一人でも聴覚障がいがあるお子さんがいる限り、専門的な指導を提供する必要があります。
植木　また、大西先生が執筆された節（１-２）を拝読して、先輩から学びたいと思っても、そのような先生が傍にいない若い先生たちの現況をよく理解することができました。そして、特に聴覚支援学校は設置校数が限られ、対象となる聴覚障がいのあるお子さんたちの在籍人数も減少しているという背景もわかりました。
大西　はい。課題が山積しています。
植木　私はこれまで、主に発達障がい、知的障がいにかかわる教師教育に携わってきました。短い期間ですが、「ことばの教室」に勤務した経験もあります。
　でも、聴覚支援学校の先生を養成するときの課題や先生たちの置かれた状況の厳しさを充分には理解していなかったと反省しました。

渡部　今後、インクルーシブ教育が発展していくと、専門の異なる先生方がお互いに指導技術を教示しあえるようなネットワークを構築することも必要になるのではないでしょうか？

植木　確かに、インクルーシブ教育が進み障がいのある子どもさんが地域の学校で学ぶことが多くなりました。そうすると、小・中学校に特別支援学級や通級による指導を行う教室が設置されます。

大西　先日、地方都市にある全校生徒二〇〇人くらいの中学校に行きました。その学校には、弱視、難聴、知的障がい、自閉症・情緒障がいの特別支援学級と発達障がい児の通級指導教室があり、特別支援教育に携わる先生が五名いました。

渡部　その五名の先生が協力して、それぞれ障がいの異なる子どもたちを支援しているのですね。

大西　はい。でも、その先生方の悩みを聞くと「五名とも特別支援教育の経験が三年未満。研修に参加したいが、なかなか機会もない」とのことでした。

渡部　五名とも、特別支援教育が専門ではないのですね。一人でも特別支援教育のベテラン先生がいると、大分違うのでしょうけど。

大西　そうですね。教育委員会が開催する研修会に参加したくても、時間的にも予算的にも機会は限られています。やはり、新しい先生方を支援するためのネットワーク構築がとても重要であることを痛感しました。

「Ｗｅｂによる教員研修」で何を教えるのか？

渡部　もし、Ｗｅｂで研修を行うとしたら、まずはどのようなコンテンツが必要になるのでしょう？

大西　稀少障がいについてはまず、その具体的な指導法を知ることが必要です。ほとんどの教員は、自身がその指導を受けたことがありません。

渡部　本当は、大学教育できちんと受けてくるべきだと思いますが……日本の場合には、そういうシステムになっていないのですね。

大西　そうです。典型的なものに聴覚に障がいがある子どもに行う発音指導があります。聞こえる人であれば舌の位置や口の形をどうすると「カ行の音」を発音することができるのかということは考えません。自然に習得するからです。しかし、聴覚に障がいがある子どもたちは、それを人為的に学習する必要があります。

渡部　なるほど。

大西　ところが、若い先生方はその指導方法は見たことも聞いたこともないので、どのように指導するとよいのか……と不安になるわけです。そこで、同じような指導場面をサイトで紹介するという方法を考えたわけです。

植木　確かに、大西先生が試みているＷｅｂサイトの「写真や動画」は、若い先生にとって役立つということがとてもよくわかります。

大西　ありがとうございます。

植木　また、授業の反省、つまり「ふり返り」がいつでも行えるというのも効果的ですね。若い先生方が、今日やった授業は前にやったあの時に迷ったシチュエーションに似ているとか、大西先生が助言してくれたことと関係あるかもしれないとか、気づいたその時にふり返りができるのは、とても効果的だと思います。

大西　はい。今の若い先生方は、ネットがとても身近な世代だと思います。分からないことがあれば、すぐにスマートフォンで検索するということが当たり前の時代になりました。これは使い方によっては、とても便利だと思います。

植木　それから、研究授業などで授業後すぐにいただける助言は、若い先生に気持ちの余裕があれば比較的伝わりやすいと思います。でも、緊張しながら授業を行い疲労困憊している時には伝わりにくいこともあると思います。その意味でも、後からいつでも繰り返し授業の反省を行えるのは有効だと思います。

大西　私自身も経験したことですが、授業後に行う授業研究会というのは緊張もしているし、参観者からの質問に答えなければいけないし、指摘事項をゆっくりと咀嚼することができない場合が多いと思います。

「Webワークショップ」の実施に向けて

大西　ところで、植木先生に一つ質問なのですが、ワークショップにはどのようなニーズのある方が集まってくるのですか？　また、その人たちはどこでこのワークショップの存在を知るのですか？

植木　まず、なぜワークショップを始めたかを少しお話しさせてください。私は、現職の先生方を対象にした大学院の教員をしています。私が勤務するのは学校臨床心理専攻という大学院です。入学してくる先生方はそれまでの教育実践で経験した、いじめや不登校、貧困、障がいのあるお子さんの支援、保護者支援、同僚の先生たちとの関係等、苦労し困ったこと、ずっと心に残していることをなんとかしたいという思いをもっています。

大西　大学院生は、若い方が多いのですか？

植木　みなさんの経験年数は幅広く、定年退職された方や教員を目指す学部直進の院生さんも一緒に学んでいます。

渡部　様々な経験をお持ちの方が混在しているわけですね。

植木　はい。院生さんたちが授業でディスカッションしている姿、あるいは授業が終わってからなにやら議論している様子を目にして、世代の異なる人たちの学び合いは大切だなと実感しました。授業担当者として院生のみなさんの表情を見ているとうまく伝わっていないな、理解してもらえてないなという時にも、院生のみなさんがみんなでわいわいがやがやとディスカッションすると、講義担当者である私の予想を超えて、理解を深めていくんです。

渡部　そういうことって、確かにあります。

植木　それで、院生のみなさん、そして修了生が集まれる場、コミュニティをつくりたいなと考えました。私の方から、ワークショップへの参加を依頼しますが、大学院での学びを継続したい、一緒に学んだ仲間の人たちと修了後もかかわりを持っていきたい、という意識の高い人たちがワークショップに参加してます。

大西　なるほど……わかりました。

植木　それから、知り合いの先生に声をかけてくれて、一緒に参加してくれる修了生もいます。ですから、大学院でのつながりを通して参加者を募り、ワークショップを実施しています。参加者は参加しているだれかと、ワークショップに参加する前から必ずつながっているという関係にあります。

渡部　「Ｗｅｂのワークショップ」は、基本的に皆「フェイス・トゥ・フェイスのつながりを持たない人たち」になりますね。このことがネックになることはありませんか？

植木　そうですね。ですが、それをあえて長所として考えたいと思っています。つまり、コミュニティを広げ先生たちが学び合える場をつくるという意味で、「Ｗｅｂのワークショップ」には新しい先生方に沢山参加してほしいなと思います。

渡部　なんといっても、Ｗｅｂを用いる良さは、実際にはフェイス・トゥ・フェイスで出会うことが難しい人とも知り合えるということにありますよね。

植木　はい。ただ、ワークショップでは、参加者は自分のうれしかった経験や良かった経験だけではなく、辛かった経験や困った経験を思い起こすことがあるので心理的負担があります。ここで、ＡＩに力を発揮してもらえるかなという期待もあります。

渡部　どのような力をＡＩに発揮してもらいますか？

植木　参加者が事前に登録する情報から、安心して交流できて学びが深まるグループのメンバーをＡＩが選び推薦するということは実現できるかもしれません。

大西　自分に合った相手を、事前の情報によってＡＩに探してもらうということですね。単に必要な情報を提供してくれる人、自分と同様な経験をしている人という視点で参加者を選んでもらうことはできるようになる気がします。ただし、同様の経験がなくてもアドバイスができるということもあるのではないでしょうか？　そういう意味では、グループのメンバーを完全にＡＩだけで選ぶ必要はないと思います。

渡部　確かにそうですね。基本的に、ＡＩは人間のサポートをしてくれるものと考えれば良いですね。

植木　私もそう思います。さらになのですが、大西先生の節の中に、「聴覚障がい教育の経験をもち、授業や教材等についてのコツをわかりやすく伝えることができるメンター役を見つける必要がある」（六二頁）とあります。「メンターとメンティの組み合わせ」つまり相性によって、Ｗｅｂサイトの研修効果はどのように変わるのでしょう？

渡部　メンターは「ベテランの先生」で、メンティって「若い先生」ですね。その組み合わせによって、Ｗｅｂサイトの研修効果はどのように変わるのか、ということですね。

大西　メンターとメンティの人間関係は、重要なものだと思います。でも、Ｗｅｂサイトの研修効果がどのように変わるかまでは……。

渡部　難しいけど、興味深い課題ですね。「宿題」にさせてください。

大西　ところで、植木先生の節の中に「一人称的記述」（三七頁）とありますが、このときの著作権や個人情報の守秘については、どのような方法でこれらを保護し、具体的な事例を「Ｗｅｂ」に掲載していったら良いのでしょう？

渡部　著作権や個人情報の守秘は、「Ｗｅｂ研修」にとって大きな課題になりますね。

植木　はい、そうですね。確かに、頑張っている若い先生一人ひとりに応じて、そして個別の授業実践に応じできるだけ具体的に……を追求していくと、個人情報の課題に行きつきます。

大西　誰が観ても良いという内容にすると、抽象的・一般論になります。個別の相談に応じた内容にすると、個人情報保護、プライバシーの問題が生じます。

植木　はい、本当に悩むところです。ただ、どうでしょうか……例えば、同じようなことで困っている、あるいは悩んだ経験をもつ先生たち数人に集まってもらい、協力してひとつの事例を作ってもらってはどうでしょうか。そして、それをアニメーションにして「Ｗｅｂ研修」に掲載すると、リアリティのあるコンテンツができるのではと思うのですが……。

渡部　それは、とても良いアイディアだと思います。若手とベテランが一緒になってその作業をすれば、一つのコンテンツを作るという作業自体がとても効果的な研修になるでしょう。

植木　なるほど、そういう方法もありますね。

「Webによる教員研修」に「AI」を導入する

渡部　さて一〇年後ですが、「ＡＩ」が社会のいたるところに普及・浸透してゆくことは間違いありません。

大西　「教員研修」などにも「ＡＩ」が入ってくるかもしれません。

渡部　そうですね。例えば、ベテランの先生が持っている能力を「ＡＩ」が再現してくれて、それを「教員研修」に活かすことができるかもしれません。

大西　それが可能であれば、面白いことだと思います。ベテラン先生の「どこがベテランと言われる部分か」を「ＡＩ」が見つけてくれるわけですね。

渡部　その通りです。

大西　しかし、熟達教師イコール経験年数が長い教師であれば簡単ですが、そうでない場合もあると思います。

植木　はい。教師としての専門性をどのように評価するのかということと関係します。

渡部　多くのベテラン教師の「ビッグデータ」から「ＡＩ」が共通点を見つけ出してくれる……これは可能かもしれません。

植木　なるほど。教職経験が豊かな沢山の先生たちに関する「ビックデータ」から、「ＡＩ」が共通点を見つけ出してくれるのですね。その時、ＡＩにどのようなデータを入力するのか、例えば授業を記録した動画、子どもたちの授業評価等……それはとても興味深いです。

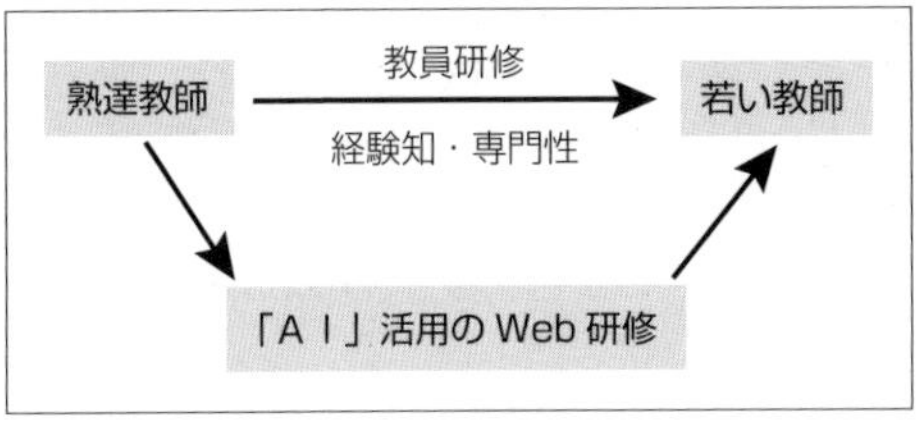

図１-５　ＡＩによるWeb研修

大西　本当に興味深い……重要な研究テーマになりますね。

渡部　一方で、何人かのベテラン教師にお願いして自己分析による「素晴らしいところ」を探し出す。一方で「ＡＩ」に「ビッグデータ」から共通点を探し出す。そして、それをマッチングさせる……面白い研究になりますね。

植木　確かに、もしも「経験値」「専門性」「ノウハウ」「指導のコツ」などを可視化できれば素晴らしいですね。

大西　私自身も、これが何か明確に説明できないのですが、これまでお世話になった聴覚障がい教育のベテランと言われる先生には、ある種の共通点があるような気がします。子どもに対する深い愛情があるということは当然ですが、子どもがつまずく場面を予想できるとか、つまずかないためには事前にどのような力を身に付けさせるかが分かっており、それに基づいて指導をしていました。

植木　たとえば、ベテラン先生が授業観察している時の視線の動きを追体験するようなコンテンツを作成することはいかがですか？

大西　経験豊富な教師と学生が授業を見たときでは、見る観点が異なると思います。学生であれば、どうしても、動きの大きな部分、例えば大きな声での発言者あるいは黒板に文字を書いている人に目が行ってしまいます。ところが実際に指導すると、そのほかのこと、例えば小声で話をしている子どもたちや、話はしていないけど身振りで何かを訴えている子どもにも気を配って、彼らに声がけをしていかねばなりません。

渡部　「観る」と言っても、それは必ずしも「注視点」が重要なわけではありません。若手とベテランが同じところに視線が向いていたとしても、それぞれ「観ているところ」っていうか、「意識しているところ」が異なっているという場合もあります。

植木　たしかに、そうですね。「観ているところ」、「意識しているところ」、「意識している内容」が若い先生とベテランの先生では違いますね。

大西　「観るポイント」を見極めるというのが、ベテラン教師が持つ技なのかもしれませんね。

渡部　先ほど、メンターとメンティの人間関係はとても重要だというお話がありました。ここで、メンターかメンティのどちらかをＡＩにしてみることも面白いですね。

植木　それは、メンターという役割をもち自律的に活動するＡＩに登場してもらうということですか？　メンターという擬人化されたキャラクターですね。メンティの若い先生が、ベテラン教師の経験知を再現する何人かのキャラクターの中からいいなと思うメンターを選べるといいかもしれませんね。

大西　データが多くなれば、そういうことも可能になるでしょうね。また、「よい見本」「お手本」だけではなく、失敗例などをＡＩに示してもらい反面教師にするということも、様々な子どもに対応することができる指導法を習得するためには役立つと思います。

渡部　「メンター＝ベテランの先生」をＡＩに置き換えることもできるし、「メンティ＝若い先生」をＡＩに置き換えて、中堅教師の再教育に利用するなんていうことも可能かもしれません。

植木　中堅の先生がメンターになる力を身につけることができるように、メンティである若手のＡＩ先生が繰り出してくる質問に応えるようなシステムをつくるのも一考かもしれませんね。

大西　若手のＡＩ先生をつくり、指導力を伸ばすためにはどのようなアドバイスが有効かということをベテランや中堅教師に試してもらうという研修も実現すれば面白いと思います。

今後、「ＡＩによるＷｅｂ研修」はどうなる？

渡部　植木先生がお書きになった節（１－１）の中で、かなり現実的に「ＡＩによるＷｅｂ研修」をお考えですが、いつ頃実現しそうですか？

植木　いつになるでしょうか……。実現には、「ＡＩによるＷｅｂ研修」について期待を抱くコミュニティが必要になると思います。メンバー同士の親和性が高くお互いの顔がよく見える小さなコミュニティで、なおかつＡＩを身近に感じているコミュニティで「ＡＩによるＷｅｂ研修」を行うのであれば、比較的早い時期に可能ではと考えます。

渡部　なるほど。これからもＡＩの発展は続いてゆくでしょうから、後は「教育現場」がそれを受け入れるか否かですね。

植木　「ＡＩによるＷｅｂ研修」は、学部の教員養成にも活用していくことができると思います。

大西　私も同感です。これから、一〇年後、二〇年後、研修の方法も変化していくと思います。これからは、私たち昭和の世代が行ってきた「研修」がそのままの形で継続することはないと思います。ただし、これまで行われてきた「対面で行う研修」、つまり師匠が弟子に対して技術を継承するような研修も必要な気がします。

渡部　このディスカッションの最初の方で、大西先生から「集まって研修を受けることが大切である」とのご指摘がありましたが、そのことと関係しますね。

大西　その通りです。例えば、いくらＷｅｂ上に豊富な情報があるといっても、必ず解決できない問題があります。それを尋ねることができる人を直接会って見つけることができる場が対面式研修会の良いところです。実際に対面で指導していての悩みを相談し、アドバイスをもらうことができるということは大切です。

渡部　Ｗｅｂでは伝わらない「実際に対面しなければ伝わらない情報」って何なのでしょう？　とても興味があります。

植木　個性豊かで多様な経験を重ねている唯一無二の存在であるベテランの先生たちが身に付けている「経験知」なのでしょうね。

大西　Ｗｅｂでは、苦労せずに指導の「コツ」や「ポイント」が習得できる。でも、苦労せずに「コツ」や「ポイント」だけを身に付けても、それがありがたいものであるということが実感できないという面もあります。

渡部　ただ「コツ」や「ポイント」だけを教えてもらうのではなく、「自分で経験して、その経験の中から自分自身で学び取ってゆくことが大切」ということですね。

植木　それはつまり、学生さんが「主体的に考え、気づきを得る」ということですね。学生さんが身をもって学ぶ機会を設けることが大切ということですね。

大西　一方で、ベテラン先生と同じことを同じ時間かけて体験しなければ専門性が習得できないならば、指導技術というのは発展していきません。先人が一〇時間かかって習得してきたことを九時間で身に付けることが、発展だと思います。そのために「ＡＩやＷｅｂを活用する」ということも、確かに必要であると思います。

渡部　そのあたりのことを考慮しながら「ＡＩによるＷｅｂ研修」を考えてゆかなければなりませんね。

大西　聴覚障がい教育の指導技術を身に付けるためには、特にそうです。まったくの初心者が、まず「一通りのこと」をどうやって習得していくのか？　その習得のための学びの場がかなり限られている聴覚障がい教育ですから。ただ一生懸命行うだけでは、効率が良くありません。

植木　何をどのように一生懸命取り組んだらいいのかのポイントを、ＡＩやＷｅｂを活用して若手の先生に伝え、効率よく学んでもらえるようにするということですね。

渡部　植木先生や大西先生のような先駆的なお考えをお持ちの先生が、「Ｗｅｂを活用した研修」や「ＡＩによるＷｅｂ研修」を実現してくださると確信しています。

第2章 AI時代の「授業」を探る

三浦和美・佐藤克美・
水内豊和・渡部信一

2-1　ＡＩ時代の「国語」「社会」

三浦和美

ＡＩ時代の教育を考える二つの視点

今から一〇年後の二〇三〇年、目覚ましい発展を遂げるＡＩ技術によって、わたしたちの生活はこれまで以上に便利で豊かになっていることが予測されています。その頃「教育」はどのようになっているのでしょうか。また、その教育はどのようにあったらよいのでしょうか。ここでは、「国語」および「社会」の視点から述べていくことにします。

ＡＩ時代に学ぶ「国語」

二〇一九（平成三一）年四月一日、新元号の発表がありました。「元号は何になるのか」「どのような発表の仕方をするのか」と日本中が興味津々となりました。テレビでも元号の予想を行う番組が続いたり、新聞では、古代から現在の平成までの元号を書き出した見開きのページが出たりとその日が近づくにつれて関心は高まるばかりでした。これほど元号に関心が高まったこともなかったのではないかと思います。

そして、発表された新元号は「令和」。平成に倣って官房長官が年号が書かれた色紙を持ち上げ提示するという手法で発表が行われました。その発表の時は、ちょうど学生たちと教室にいたので、スマートフォンの画面で中継を見ていました。平成生まれの学生たちが「歴史が変わるのを初めて見た！」「すごいね！」と口々に言って感激している様子にも立ち会うことができました。三〇年も前になりますが、「昭和」から「平成」に変わった時とは全く違う雰囲気には驚きました。新元号の引用文献は、「万葉集」巻五、梅花の歌三十二首并せて序にある初春令月、気淑風和、梅披鏡前之粉、蘭薫珮後之香に由来します。

この新元号は、「大化」から一四〇〇年あまり続く元号の歴史のなかで初めて国書から引用されたものであること、しかも国語の教科書でも取り上げられることの多い『万葉集』からであったことが分かると、一気に時代を遡っていく感覚がありました。まるで、現在がAI時代であることをすっかり忘れてしまうほどでした。早速、「万葉集コーナー」が書店に特設されたことや「令和」のもととなった歌が詠まれた太宰府市を訪ねる人々が増えていることなどがニュースでさかんに報じられていました。にわかに万葉ブームが到来しました。ＡＩ時代に万葉集。一見両極端とも思えるこの二つの言葉を聞いて考えたことは、いかにＡＩ時代であっても子どもたちにとって、国語を学ぶという行為は廃れることはないということでした。

そのように考える根拠として、二〇一七年告示の『小学校学習指導要領』が挙げられます。二〇二〇年度から全面実施されるこの学習指導要領には、国語科において育成する資質・能力を「国語で正確に理解し適切に表現する資質・能力」とし、国語科が国語で理解し表現する言語能力を育成する教科であることが示されています。

特に、第五学年及び第六学年で、古典の学習について具体的な事項が提示されています。内容（３）我が国の言語文化に関する事項の伝統的な言語文化の項目に、ア　親しみやすい古文や漢文、近代以降の文語調の文章を音読するなどして、言葉の響きやリズムに親しむこと。イ　古典について解説した文章を読んだり作品の内容の大体を知ったりすることを通して、昔の人のものの見方や考え方を知ることと示されています。

漠然と昔の人や昔の時代と言っていたことがこの新しい時代の元号の命名に深く関わったことを知ることによって、子どもたちにも身近なものとして認識されるようになります。こうした国語における学習を通して、昔の人のものの見方や考え方を学んでいく機会は貴重であると言えます。これまでと違って古典に興味を持つ子どもたちも増えていくのではないかと考えます。

読解力育成が求められる背景

一方で、現在の教育現場では「教科書が読めない子どもたち」のことが話題となっています。広辞苑（第七版）によれば、「読解」とは「文章を読んでその意味を理解し、解釈すること」です。読解には、「文章を読む」、「意味を理解する」、「解釈する」の三つの要素が含まれます。先日書店で本を探していた時に、以前よりも『読解力を伸ばす○○ドリル』『読解力シリーズ』といった書名が目立っていることに気づきました。

日本の子どもたちの読解力に課題があることが指摘されたのは、経済開発機構（OECD）が二〇一五年に実施した生徒の学習到達度調査（PISA）の調査結果が発表されたことによります。二〇一六年一二月六日付で「松野文部科学大臣コメント」が出されています。

> （前略）今回の調査結果によると、我が国の学力は引き続き上位に位置し、生徒の科学に対する態度についても改善が見られることが分かりました。（中略）

一方で、今回の結果からは読解力については、コンピュータ使用型調査に対する生徒の戸惑いや、次期学習指導要領に向けた検討過程において指摘された課題も本調査で明らかになりました。

文部科学省としては、児童生徒の学力を引き続き維持・向上を図るため、

- 学習指導要領の改訂による子供たちの資質・能力を育成する教育の実現や国語教育の充実
- 「読解力の向上に向けた対応策」に基づく学習の基盤となる言語能力・情報活用能力の育成
- 時代の変化に対応した新しい教育に取り組むことができる「次世代の学校」指導体制の実現に必要な教職員定数の充実

を推進してまいります。

これを機に教育現場での「読解力向上の対応」に拍車がかかっていくことになります。書店に並ぶ「読解力ドリルの多さ」にも頷くことができます。

新しい教育の動向

文部科学省によれば、二〇二〇年度から実施される新学習指導要領を踏まえた「主体的・対話的で深い学び」の視点からの授業改善や、特別な配慮を必要とする児童生徒等の学習上の困難低減のため、学習者用デジタル教科書を制度化する「学校教育法等の一部を改正する法律」等関係法令が二〇一九年四月から施行され、これにより、これまでの紙の教科書を主たる教材として使用しながら、必要に応じて学習者用デジタル教科書を併用することができることとなると述べています（文部科学省、二〇一八）。

ここで述べる「デジタル教科書」とは、紙の教科書の内容の全部（電磁的記録に記録することに伴って変更が必要となる内容を除く）をそのまま記録した電磁的記録である教材を指します。

こうした教育の動向をいち早く捉え、東北福祉大学では、二〇一七年にデジタル教科書に対応する「マルチメディア教室」を整備し、学生の指導に活用しています。通常の小学校教室を想定して個人ごとの学習机が使われています。定員は九〇名となっています。

図2-1に示す正面にある黒板は、従来の教室にあるものと同様ですが、黒板上部にプ

図2-1　マルチメディア教室

ロジェクターを備え、教師用デジタル教科書の投影が可能になっています。黒板も同時に使用可能でデジタル教科書を使いながら、チョークを使った板書もできる仕様であり、まさに「未来の教室」となっています。現在、各教科の指導法や教材研究の講義、さらにはゼミ活動など多くの教育活動が展開されています。

私が大学で担当している教科教育法の講義「社会科教材研究」は、「社会科概論」、「社会科の指導法」の二つの必修科目を経て、受講する講義に位置付けられています。教育実習を翌年度に控えた学生に対して、より実践的な内容を構成しています。その中で二〇一七年度より講義シラバス上にこのマルチメディア教室を使用して「デジタル教科書について学ぶ」講義回を入れることにしました。

このような講義内容変更の背景には、二〇一六年に出された文部科学省「『二〇二〇年代に向けた教育の情報化に関する懇談会』最終まとめ」があります。その中で「これから教員を目指す学生が、養成段階において、ＩＣＴを活用した指導法を実践的に学ぶことは、

『教員となる際に必要な最低限の基礎的・基盤的な学修』として不可欠」と示されました。伝統的な教科の指導法が黒板とチョークを使ったものであるとすれば、ＩＣＴを活用した指導法も体得していなければならないということです。また、「社会科教材研究」の前に受講する講義「社会科の指導法」では、学生は学習指導案略案を作成し、一〇分程度の模擬授業を行います。続く「社会科教材研究」では、模擬授業を二回行い、授業改善の体験を行います。この時は紙ベースの教科書を使用しており、その学習体験を基にデジタル教科書について考えていきます。

「デジタル教科書」に関するエピソード

「社会科教材研究」講義の最終段階でデジタル教科書（体験版、東京書籍）を使用した際のエピソードを紹介します。動画資料を示した時の学生の反応です。

使用した動画の長さは二分程度です。青森県にある三内丸山遺跡の位置や建物の構造・目的等について解説があります。何の指示もせずにその動画を見せると学生はほとんど全員といっていいほどメモも取らず、じっと動画を見ているだけです。まるで映画を見ているかのようです。

教員：では、今の動画資料から何が分かったか聞きます。
学生：……
教員：三内丸山遺跡の周りの様子はどうでしたか？
学生：……
教員：何年前から人が住んでいたのですか？
学生：……
教員：建物の高さはどのくらいでしたか？
学生：……
教員：その当時の屋根の特徴にはどのようなものがありましたか？
学生：……

遠くにある遺跡等に直接見学に行くことができない場合、こうした動画資料は遺跡のある場所や土地の様子、当時の人々の生活の様子などをつぶさに学習できる優れた資料です。しかし、実際にそのデジタル教科書を使用して授業を進めてみると「デジタル教科書が読めない」学生が多いことに気づきます。これでは、将来ＩＣＴを駆使した授業など夢のまた夢ということになります。

動画を見るというだけで受け身になってしまう学生に対して「それでは、もう一度動画資料を見ます。メモを取って見るようにしましょう」と指示をします。するとようやく質問に対する答えが返ってくるようになります。

この学習を通して考えたことは、デジタルの良さと同時にデジタルの危うさです。今一番危惧していることは、大学の講義で起こっていることと同じことが小学校の教室でも起こるのではないかということです。まるで映画を見ているようにデジタル教科書を見てしまい、それを読み取ったり、それを基に話し合ったりすることができなくなってしまう懸念があります。また、機器の扱いにはある程度の慣れが必要です。多忙な中でそうした時間を作ることができるのかについても不安要素になります。デジタル教科書に埋め込まれた膨大な資料をまず読むところから始めることになります。

これから教師を目指す学生には早急にＩＣＴ活用、デジタル活用を求めるのではなく、それ以前の基本的な教科指導法をしっかりと身に付けておくことが大切だと考えます。社会科の授業では資料を見せた時に子どもたちからどのような意見や疑問を引き出すのか、そして、それをどうつなげて授業を深めていくのかを組み立てることができる力が必要です。さらに、デジタル教科書を使った時に板書はどのようにするのかも計画しておくことが重要になってきます。以前よりもずっと高度な技術が必要です。

今、教職課程でできること——模擬授業の実践から

担当している四年次のゼミでは、学生がデジタル教科書（東京書籍、体験版）を使った模擬授業の実践を行うようにしています。

模擬授業実施までの手順と準備

四年生に進級した学生たちは前期において、デジタル教科書を使用した模擬授業の実施を行います。学生たちは全員前年度四週間の小学校教育実習を終えています。国語・算数・社会・理科などの主要教科に加えて、音楽・体育などの技能教科の授業を一〇時間以上行ってきました。黒板を使用した授業を実践的に経験しています。

しかし、デジタル教科書を使用した授業構成は初めてであるため、複数名での教材研究や話し合いが必要と考え、二人一組で授業を分担しました。授業を行う学生たちは、講義前の時間にデジタル教科書の操作を繰り返し確認することなどが必要となります。そのため、模擬授業実施の前週に時間を取り、デジタル教科書の扱いや児童役への発問を工夫するようにしました。授業時間は四五分間とし、授業の中盤で教師役を交代する形を取りま

した。

デジタル教科書を使用した模擬授業実施に当たっては、通常の学習指導案形式の中にデジタル教科書を使用する点を明記します。授業構成の際に事前にどのタイミングでデジタル教科書を使用するかを明示しておくことで、授業自体がスムーズに流れていくようになると考えます。

また、授業後にデジタル教科書を使用した授業について学生からアンケートを取ることとしました。

実践の様子

ここでは、二〇一九年五月一三日に実施したデジタル教科書を使用した模擬授業について紹介します。学年と単元は、三・四年上「わたしのまち　みんなのまち」です。教師役は学生ＡとＢの二名、児童役は五名、その他の学生は授業記録やカメラなどの係を分担しました。

まず、学生Ａが前半の授業を実施しました。挨拶や単元名の紹介を経て、板書を進めていきました。以下に学生が作成した学習指導案を示します（図2-2）。

ここからは、五月一三日に実施した模擬授業の様子を紹介します。

	表し合う。 （個人→グループ→全体） ・わたしたちのまちにも消防署があるよ。 ・神社でお祭りをしていた。 ・小学校の向かいにお寺があるよ。 ○よく行く場所、お気に入りの場所について話し合う。 ・○○公園です。理由は～だからです。 ・お母さんと八百屋によく行きます。	学路や家の近くの様子を聞くことで、気付かせる。 ◎児童の発言をキーワードで、まとめていく。 【態度】日常生活を思い返し、学校のまわりの様子に関心を持つようにする。（発言、ノート）
まとめ （5分）	**3．本時の振り返りをする。** ○わたしたちのまちには、様々な店や場所があったことを確認する。	◎2～3名に指名し発表させる。 ◎次時予告：お気に入りの場所を絵地図にかき、紹介する。

4．評価

観点	A（十分満足できる）	B（概ね満足できる）	C（支援を要する）
主体的に学習に取り組む態度	日常生活や通学の様子を思い出し、教科書の地図と比較しながら、学校のまわりの施設や様子について考えている。	日常生活や通学の様子を思い出し、学校のまわりの施設や様子について考えている。	日常生活や通学の様子を教師の問いかけを通して思い出し、学校のまわりの施設や様子について考えようとしている。

5．板書計画

5/13 わたしのまち　みんなのまち

学校のまわりは、どのような様子なのでしょうか。

○見つけた場所
・スーパー　・病院
・ゆうびんきょく　・消ぼうしょ
○見つけた人
・ゆうびんはいたつ

デジタル教科書

○わたしたちのまちと同じところ
・○○台病院
・○が森公園
・カレーの店

○お気に入りの場所
・○○公園…さくらがきれい

図2－2　学生の学習指導案

第３学年　社会科学習指導案（略案）

日　時：令和元年５月 13 日(月)５校時目

場　所：マルチメディア教室２

授業者：学生Ａ、学生Ｂ

１．小単元名　学校のまわり

２．本時のねらい：日常生活や通学を思い返し、学校のまわりの様子に関心を持つようにする。（ 観点：主体的に学習に取り組む態度 ）

３．指導過程（ 1/12 ）

段階	学習内容（○）と予想される児童の反応（・）	◎ 教師の支援　・ 資料 □ 評価（評価方法）
導入 (5 分)	**１．町探検を振り返り、発表し合う。** ・お花屋さんにインタビューした。 ・スーパーに行って、買い物をした。 ・警察署で、おまわりさんの話を聞いた。	◎町探検を思い出し、まちの様子に関心を持たせることで、生活科と社会科の関連付けをする。
展開 (35 分)	**２．本時の課題を知る。** 学校のまわりは、どのような様子なのでしょうか。 ○教科書の写真を見て、建物や人をノートに書きだす。 ・病院　・商店街　・八百屋　・消防署　・デパート ・郵便配達をしている人　・祭りが２か所ある ○書いたものを発表し合う。 ・ここに病院があります。(黒板前) ・病院の後ろに、公園があります。 ・神社の前で、おみこしを担いでいる人がいる。 ○学校のまわりと比較し似ている所を発	◎めあてを板書する。 団 まちの様子、ペン ◎5 分間時間をとり、１人最低５個は見つけるよう指示する。 ◎教科書にも丸をつけるよう指示し、発表する時にどこにあったか混乱しないようにする。 ◎横列ごとに黒板前に出して、丸で囲み、発表させることで学習意欲を高められるようにする。 ◎ペアになって確認する。 団 発問（ドラえもん） ◎様子が思い出せない児童には、通

図2-3　授業開始の様子

図2-4　ノートを取りながら授業を受けている様子

図2-3は、始業の挨拶を行い、単元名を発表し、学習のめあてを示しているところです。黒板に投影されているのはデジタル教科書で、児童役の机にあるのはパソコンです。デジタル教科書を使った授業においてもノート指導は欠かせません。図2-4のとおり、授業を受けながら板書事項や自分の意見などを書くようにしています。ノートは小学校で使用しているものとしています。

デジタル教科書では、投影された資料の上に書き込みができます。図2-5に示すとおり、児童役の学生が町の様子で見つけたところに赤の電子ペンで書き込みを行っています。児童役の学生も集中して授業に参加しています。

図2-5　電子ペンで書き込みをしている様子

アンケートの結果

アンケートの回答は一二名中一二名でした。そのうち一〇名は授業終了後一〇分間で記入してもらい、その場で回収しました。また、次の講義がある学生は、後日届けることとしました。

教育実習でデジタル教科書を用いた授業を参観したことがあると回答した学生は一〇名で、参観したことがないと回答した学生は二名でした。教科は、外国語活動、国語、算数などでした。学年は一年から六年まででした。他にも小学校に入って行っているボランティアでも参観したことがあると回答した学生が一名でした。また、教育実習でデジタル教科書を使って授業を行ったと回答した学生は二名でした。学年は二年が二名で、国語と算数でした。

デジタル教科書を使った授業の理解については、授業で使うと効果的と回答した学生は五名、やや効果的が三名でした。理由としては、「教科書の拡大や書き込みの共有ができ、考えや気づきの共通理解が深まることで学習内容の深い理解につながるから」、「紙の教科書だと図を拡大することができないが、デジタル教科書だと拡大できるので便利だ」と挙げていました。

デジタル教科書のメリットとしては、「持ち運びがなく、資料が豊富（特に映像、音声）で、動画や具体的資料を通して深い学びができる」、「様々な機能が備わっており、教師にとって教材準備の負担が少ない」などを挙げていました。一方デメリットとしては、「誤作動や不具合が生じた時使えなくなる」、「導入されたばかりで使いこなすのが難しい」、「（子どもにとって）情報過多になるのではないか」などを挙げていました。

二〇二〇年度からデジタル教科書の使用が開始される予定ですが、それまでに自分でどのような準備をしたいかについては、「動画資料が多いがどこでどの資料を見せるのか」、「扱うべきなのか、不要なのかを考えるようにしたい」、「ＩＣＴ教育について基礎知識をつける」、「紙媒体の教科書とデジタル教科書の両方のメリットとデメリットを理解し、適切に扱えるようにしたい」と回答しています。

AI時代への願い

デジタル教科書を使用した模擬授業実施に関するアンケート結果からもわかるように、デジタル教科書に含まれる資料の豊富さや便利さには目を見張るものがあります。視覚資料や音声資料によって、これまで実現できなかった授業ができるようになることは予想できます。しかしながら、大学教職課程では、その操作や従来の指導法との関連で十分な時間を割くことができない状況にもなっています。

二〇三〇年、教室はICT機器がずらりと揃っている環境になっているのかもしれません。デジタル教科書を駆使すれば、見学できないところも楽に見学できてしまうのかもしれません。学生の指摘にもあるように、ICT教育について基礎知識をつけることや、紙媒体の教科書とデジタル教科書の両方のメリットとデメリットを理解し、適切に扱えることが喫緊の課題になると考えられます。現在の教育現場にいる教員やこれから教員となる学生たちには、以前よりも多くの知識やスキルが求められることでしょう。その未来を創るのは、まさに今の経験であることを念頭において教育に当たりたいと考えています。

文献

文部科学省（二〇一一）教育の情報化ビジョン 第三章 学びの場における情報通信技術の活用 一・デジタル教科書・教材、一〇頁 http://www.mext.go.jp/component/b_menu/shingi/toushin/_icsFiles/afieldfile/2014/04/11/1346505_06.pdf（二〇一九年七月七日閲覧）

文部科学省（二〇一六）ＯＥＣＤ生徒の学習到達度調査（PISA 2015）について［松野文部科学大臣コメント］https://www.nier.go.jp/kokusai/pisa/pdf/2015/02_oecd.pdf（二〇一九年七月七日閲覧）

文部科学省（二〇一六）「二〇二〇年代に向けた教育の情報化に関する懇談会」最終まとめ https://www.mext.go.jp/b_menu/houdou/28/07/_icsFiles/afieldfile/2016/07/29/1375100_01_1_1.pdf（二〇一九年七月七日閲覧）

文部科学省（二〇一七）小学校学習指導要領解説 国語編 日本文教出版

文部科学省（二〇一八）学習者用デジタル教科書の制度化 https://www.mext.go.jp/a_menu/shotou/kyoukasho/seido/1407731.htm（二〇一九年七月七日閲覧）

中西進校注（一九七八）万葉集（一）全訳注 原文付 講談社文庫

新村出編（二〇一六）広辞苑 岩波書店

東京書籍（二〇一五）デジタル教科書／掛図 小学校体験版

2-2　AI時代の「数学」「理科」

佐藤克美

ICTの果たす役割

筆者は現在、3DCGアニメーションやVR（バーチャルリアリティ）など最先端のテクノロジーを使った教育の効果について研究を進めています。この経験から本章では、理数科を中心に現在の学校教育の問題と、今後の理数科教育の方向性、またその時のICT活用が果たす役割について述べていきます。

学校教育とICT活用

現在、ほとんどの学校にパソコン室が整備され、各教室には電子黒板や大型モニターが設置されています。さらにはタブレット型PCの導入も進んでいるようです。学校の授業

図2－6　ICT を活用した授業風景

では、どのようにＩＣＴが使われているのでしょうか。

まず、はじめに現在、学校現場ではどのようにＩＣＴが活用されているのか見ていきたいと思います。

以下に紹介するのは、私が見学させていただいた、ある理科（化学）のＩＣＴを使った授業の一コマです。

授業はアルカリ土類金属についての内容でした。教師は、黒板の前に立ち、アルカリ金属は常温の水と激しく反応し、水素を発生し強塩基の水溶液ができるという話をしていました。そして、教師は、ある化学アプリ内の映像を生徒たちに見るように言いました。この学校の生徒は一人一台タブレットＰＣを持っているのです。その映像はかなり衝撃的で、多量のナトリウムを大きなプールに投げ入れるという映像でした。投げ入れられたナトリウムは水と反応し、轟音とともに水しぶきが上がりました。教室のあちらこちらからドン・ドン・ドンと音が鳴ります。教師から事前に「水と激しく反応する」と聞かされていた生徒も予想をはるかに超えたあまりの大きな爆発にびっくりして何度も繰り返し見て、隣の生徒とともに感想を言いながら笑っていました。

ナトリウムと水の反応を見る実験は、化学室で生徒が実際に行うこともできます。しかし、ごくごく少量のナトリウムを用いて行われてきました。水、もしくは濡らしたろ紙の上で小さなナトリウムがまるで生き物のように動いて解けていきます。金属が水に溶けるという点では生徒にとっては常識的ではないのでそれはそれで驚きのある実験なのですが、インパクトという面では明らかに動画の方が上でした。そして教師は、黒板に「$2Na + 2H_2O \rightarrow 2NaOH + H_2$」と書いて授業を進めていきました。

現在、化学に関するアプリや動画は有料・無料のものが数えきれないほどあります。驚くほどきれいに元素を表したものや学校の実験室ではできないような実験を紹介したものまで様々です。これらを上手に使えば、よりわかりやすい授業が展開できるようになるでしょう。

次は、数学の授業です。生徒がタブレットに表示された方程式を解いていくと、その解答が電子黒板に表示されていきます。教師は、何人かの解答を表示させながら、生徒にどう考えたか発表させ、最後にその解き方の違いについて説明していきました。生徒の解答

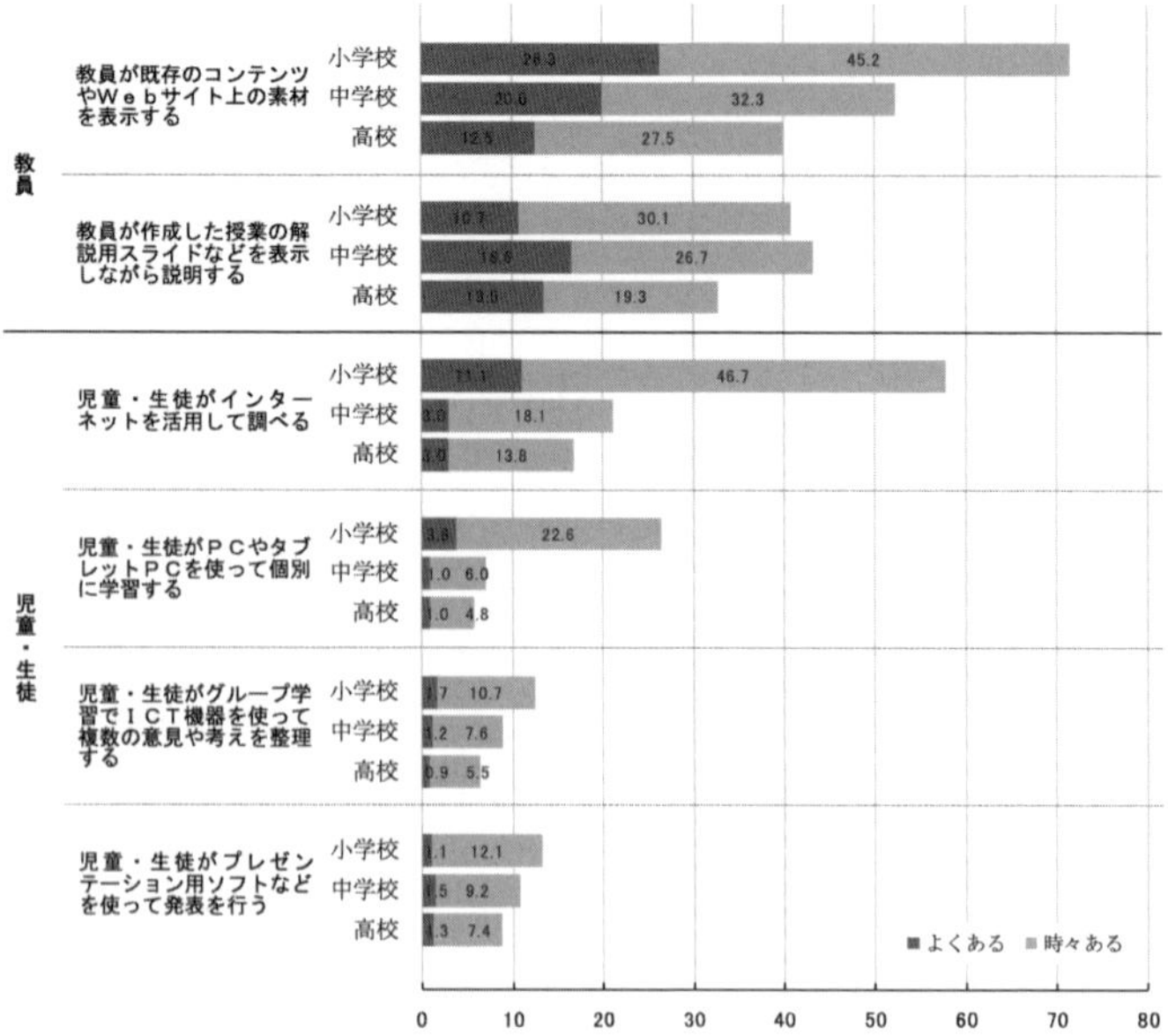

図２－７　学校でのICT活用の現状

（出所）ベネッセ（2016）をもとに作成

を瞬時に共有し、比較できる、また手元の文字を大きく表示できるというのはＩＣＴの大きなメリットかと思います。

　このような実践例は授業研究会などでよく紹介されるのですが、しかし実際のところ普段の授業ではＩＣＴの活用は進んでいません。

　図２－７は、学校でのＩＣＴ機器活用に関する調査結果です。全体的に学年が上になるにつれてＩＣＴが使われなくなっていく傾向が見て取れます。使われ方としては、小学校で七割の教師が既存の資

料を映し出すために活用していることがわかります。この表からは、ＩＣＴは教師が授業をわかりやすくするために使われていることがうかがえます。あとは、児童が調べものをするために使っていることが多いようです。しかしそれを除けば、児童・生徒のＩＣＴ利用率は驚くほど低いことが見て取れます。ＯＥＣＤ（経済協力開発機構）によるＰＩＳＡ（学習到達度調査）の調査でも日本の児童・生徒のＩＣＴ活用率は世界最低レベルであるといわれています（ＯＥＣＤ、二〇一五）。残念ながら「児童・生徒がＩＣＴを活用して学ぶ」という面では日本の教育は遅れていると言わざるを得ません。

確かに、先ほど紹介した授業も実は生徒はさほど主体的にＩＣＴを使っていないことがわかります。生徒は、教師が用意した映像を見た、あるいはノートのかわりにタブレットに式を書いたにすぎずそれを集めて授業に使ったのは教師です。要するに、日本の学校教育では、ＩＣＴを使っているのは教師で、児童生徒はＩＣＴを活用した教育を受けさせられているだけの場合が多いのです。

しかし、こんなにもＩＣＴの活用が遅れている日本ですが、その学力は理数科はもちろんのこと他の教科でも世界トップレベルであることは間違いなく、ＰＩＳＡでもその成績は上位をキープしています。その教育力の高さは世界に誇るべきものです。

国立政策研究所の調査では日本の理科・数学の授業の特徴は、「説明・板書・質疑応答・グループ活動・討論など多様な授業方法が反映されている」「教師の発問などによって、子どもの思考力を引き出そうとする」「板書など構造化され、記憶に残りやすくするなどのきめ細かい配慮がある」、反面「個に応じた指導法が見られず、クラス全員の平均値を達成目標とする」、そして「ＩＣＴはほとんど使われていない」（赤堀、二〇一六）だそうです。

ＰＩＳＡの調査ではデンマークをはじめ、ヨーロッパの国では学習へのＩＣＴ活用率が高い傾向があります（ＯＥＣＤ、二〇一五）が、だからと言ってそれが理由で学力が高くなったという話は聞きません。実は、面白いことにＩＣＴに多額の設備投資した国に学力の向上は見られなかったということで、さらにはＩＣＴを積極的に使う学生の成績が低い傾向が見られたとのことです（OECD Tokyo Centre、二〇一五）。

これらのことを考慮すると学力はＩＣＴを使う使わないというより、教師の教え方が上手か否かにかかっているのではないかと思われます。そして、日本の教師の質はとても高いのです。先ほどの化学や数学の授業も生徒の興味関心を引き付ける、生徒の記憶に残るような良い授業で、そのために上手くＩＣＴを使っていました。しかし、「その授業がＩＣＴを使わないと成り立たない授業か？」と問われれば、「そうでもない」というのが答えで、「ＩＣＴが教育を変えたか？」と言われれば、強いて言えば少し便利になった、いくらか楽しくなった程度のメリットしかないというのが、現在の学校の現場の正直な声だろうと思います。

日本の学校でICT活用が進まないのは、金銭面や設備の問題というより、教師が使う必要性を感じていない点が大きいのではないかと私は思います。

生きて働かない知識

ICTを使わなくても学力が上がるのであれば、わざわざICTを教育に使う必要はありません。しかし、ここで言われている「学力」を考えるときには注意が必要です。なぜならば、この学力は「問題が解けるか否か」で測られているからです。出題者がどんなに知識だけでは解けないように工夫したとしても、それを解く立場の学生は、複雑化した問題に対応できるようによりたくさんの知識を詰め込み、さらには出題者が行うであろう工夫をも問題のパターンとしてとらえ、その解法を覚えるでしょう。そしてそれができた者が高得点を取れる、すなわち学力が高いという仕組みです。

特に、日本の教師は、将来の受験を見越し、受験で問われるところを詳細に分析し、その解法を丁寧に指導しています。そのように指導されれば、テストで高得点を取れるようになっていくのは当然と言えるでしょう。そして、テストで問われる内容を学ぶことにＩＣＴを活用する必要性は今のところ特にないということです。ただでさえ低いＩＣＴ活用が、学年が上がるにつれ減っているのはそのことを如実に物語っています。

ここに、これからの時代に求められる力との大きなギャップが生じています。二〇一七年公示の新学習指導要領でも示されている通り、これからの時代では、自ら課題を見つけ、自ら学び、自ら考え、自ら判断して行動し、よりよい社会や人生を切り拓いていく力が求められます。そして、学習指導要領では、新しい時代に必要となる資質・能力として「学んだことを人生や社会に生かそうとする学びに向かう力・人間性」「生きて働く知識・技能」「未知の状況にも対応できる思考力・判断力・表現力」をあげています。文科省の資料等や他の参考文献では、学びに向かう力や知識・技能、思考力・判断力・表現力が太字で示されていますが、人間性や知識・技能、思考力等はこれまでもよく強調されてきた能力でその言葉自体、特に新しい点はありません。学習指導要領に必要のない言葉は書かれません。つまり、わざわざ太字の前に書かなければならなった言葉こそが、これからの時代を物語っているのだと思われます。これからの時代は、学んだことを人生や社会に生かすことができること、生きて働く、すなわち今後も使える（使うであろう）知識や技能の習得、そして未知の状況にも対応できることが重要なのです。なぜならば、これからの時代は「予測困難」な時代だからです（これも指導要領に書いてあることです）。近い将来は、答えのない問題に取り組み、自分で解答を作り出していく、新しい知を生み出すことが必要となります。

では、現在の学校教育では生きて働く知識の育成が行われているのでしょうか。二つの例を紹介しながら考えていきたいと思います。まず、ディセッサ（deSessa, A.）の実験を見てみたいと思います。ディセッサは、子どもから大学生までを対象にロケットを目標物に到達させるようなゲームをプレイヤーに取り組ませました。ロケットはニュートン力学にしたがって動きますが、プレイヤーが操作できるのは、推進、右へ曲がる、左へ曲がるの三種類だけです。プレイヤーは、はじめなかなか目標物に到達させることができませんでしたが、試行錯誤するうちにやがてニュートン力学を理解し、その法則にしたがって目標物にロケットを到達させることができるようになったといいます。試行錯誤することで、ニュートン力学が身についたのです。素晴らしいことのように思われますが、ここでは違う側面から見てみたいと思います。それは、物理学専攻の大学生ですらこのゲームが物理の問題だと認識できず、その知識を使うことができなかったのです（赤堀、二〇一二）。十分にその知識を持っていたとしても、それを使う場面でその知識を使うことができるかどうかは別問題なのです。

もう一つ例を紹介します。筆者はこれまで、子どもたち、さらには高校生・大学生を対象に、組み立てロボットを使ったワークショップに携わってきました。ワークショップでは、最初にロボットのモーターの制御について説明します。「パワー一〇〇％で一回転進め」とプログラムするとモーターが一回転してその分だけタイヤが回転し、ロボットは前に進みます。「パワー五〇％で三回転進め」とプログラムすれば、ゆっくりと三回転分だけロボットは前に進みます。参加者は、実際にプログラムを組んでその動きを確かめます。次に、「パワー一〇〇％で三秒進め」というプログラムを教えます。するとロボットは三秒間前に進みます。

その他、いくつか制御法について教えたのち、課題を出します。その課題は、Ａ地点をスタートしＢ地点に到達させるといったものです（実際はもう少し複雑な課題を出すのですが、ここではポイントを明確にするために簡単にして書きます）。すると、子どもから大人まで、ほとんどの人たち、それこそ優秀な大学生ですら、最初適当にロボットを走らせ、ＡからＢまでに到達するために必要な時間をはかり、「パワー一〇〇％で〇秒回せ」といったプログラムを作ります。そして何度か試したのち、最終的に走らせる時間を決定していきます。

さて、もしかしたらこれに疑問を感じない方もいらっしゃるかもしれません。しかし、もしこれが以下のような問題だったらどうでしょうか？

「A地点からB地点までの距離は五〇〇cmである。タイヤのついたロボットをA地点からB地点まで進めるとき、どうすればいいか。ただしタイヤ直径は五cmである。」

この答えに「いろいろ試してみて三秒間タイヤを回転させる」と答える人はいないでしょう。多くの人は、「タイヤ一回転で5×3.14＝15.7cm 進むから、500÷15.7≒31.85回転させれば良い」と解答するはずです。そして多くの人は、この問題を苦も無く解くことができるでしょう。

ロボットの場合も一緒で、AからBまで進む場合、「〇回転進め」というプログラムを考えてもよく、そちらの方が時間で計るより正確に制御できたりするのです。また、応用もできます。例えばパワーを変えても回転数でプログラムしていればロボットの動く距離は変わりませんが、時間の場合は時間をはかりなおさないといけません。もちろん、ワークショップでは、課題をクリアできさえすれば良いので時間で制御してもプログラミングとして間違ってはいないのですが、回転数でロボットを制御しようとする人がたくさんいていいはずです。しかしながら、このような課題の場合ほとんどの人が時間で制御する方を選択します。これはおそらく、時間の方が素朴に理解できるので多くの人は時間で制御する方を選ぶのだと思います。

要するに、これを算数の問題ととらえられる人は少ないのです。算数の問題ととらえる場合、タイヤの直径やＡＢ間の距離を測る必要がありますが、実際そこにタイヤが目の前にあると、直径を測ろう、距離を測ろうと、そこまで考えが及ばないのです。簡単な算数の問題ですら、実際の場で使えるかというとそうでもないということです。

これらの例が意味するのは、学校で学ぶ知識は、その教科の枠組みのなかの問題を解くためにしか活用されておらず、生きて働く知識になってはいないということです。

残念ながら、今のところ日本の教育は教科という枠組みの中で決められた「答え」のある問題の解法をいかにわかりやすく「教える」かが重要視されています。ほとんど使われないＩＣＴも使われるとしたらそのために使われているのです。そして、児童生徒も問題の解き方を学ぶことが良いことだと信じています。そして理数科ではこの傾向が顕著です。算数が好きな子どもに理由を聞くと「問題が解けると楽しい」という答えをよく聞きます。このような状況では、答えのない問題に取り組む力がつくわけはなく、未知の社会で生きて働く力がつくはずはないであろうと思われます。

「生きて働く知」の育成のための理数科教育

現代社会はＩＣＴの発達により大きく変化しています。しかしながら、ＩＣＴは今のところ学校教育にこれといったインパクトを与えるに至っていません。今後、生きて働く知識や、未知の問題に対応できる判断力や思考力を育成するためにICTはどのように活用されていくべきでしょうか。

これまでも課題解決能力、論理的思考力の育成などと叫ばれ、その能力の育成が試みられてきました。しかしそれは結果として「教科の枠組みの中で考えられるとても複雑な問題を解く」能力の育成へとつながってきました。そしてその能力を使う場はテストでしかありませんでした。受験では大変高度な問題が出題されますが、指導要領の範囲を外れた問題を出題されることはありません。独創的な解法を評価する仕組みもありません。しかしこれでは教科の枠組みの中でしか使えない知識のみが増えるだけで、生きて働く力は身につきません。また、ICTも教員が教えるために使う、使わせるものでした。この状態が続く限り生きて働く知識育成のためという点では今後も、効果的なICT活用がされることはないでしょう。

今流行りのAIが教育をより効果的に行えるという人もいますが、それはあり得ないと思われます。AIが発達すれば学習者のレベルにあった問題を絶妙なタイミングで出題してくれるようになるでしょう。表情を見て、わかったかどうか判断して、わかっていないようならもう一度説明するということもできるようになるでしょう。しかしこのようなA

Ｉを取り入れた学習は、単にこれまでの学習がしやすくなる、つまり恐ろしく効率的に「生きて働かない知識」を詰めこめるようになるだけで、教育に目立った変化を引き起こすことはないと思われます。むしろＡＩ活用により、よりロボットのような人間を作り出す危険性の方が高いのではないかとも思われます。

さて、ＩＣＴ活用の一つの示唆として筆者たちの行った研究から言えることをお伝えしたいと思います。これまでの筆者たちの研究では、ＩＣＴの活用が不似合いであろう伝統芸能や舞踊の学びの場でＩＣＴ活用の教育効果について検討してきました（佐藤・渡部、二〇一八、Usuiら、二〇一七など）。多くの学習者からはＩＣＴ活用が学びに非常に役立つという評価を得ました。これはＩＣＴ活用による情報の加工が学習に役立ったものと思われるのですが、ＩＣＴを活用した学び方は指導者が考えたわけではありません。たまたま情報の加工の容易さにより学習者の知りたい情報が提示可能になり、そのため今までなかなか気が付けない点に学習者たちが気付けたため学習に役立つという評価に至ったのです。

このようなＩＣＴ活用による学習効果がわかったのは、これらの現場が、基本的に学び方を教えてもらえるような教育現場ではなかったところが大きいように思われます。日本の伝統的な学びの場では、よく「わざ」は盗むものだと言われるように、教えてもらうという側面はほとんどなく主体的に学ぶことが重視されます。学習者は試行錯誤することでそのわざを身に付けていくのですが、学びの課程においてどのように学ぶかは非常に自由度が高いのが特徴です。実際、私たちが用意したモーションキャプチャもＶＲも学習者がそれぞれ自由に使用法を考え、それぞれの目的で使用していました。

先ほど「ＡＩは教育に変化を与えない」と書きました。しかし、ＡＩの発達の歴史には今後の教育の方向性にとって興味深いヒントがあるように思います。渡部（二〇一八）は、これまでの教育の特徴は「問題とその解き方」を教えることであったと言います。そして、これからの時代の学びとして、機械学習の一つである「教師なし学習」によるＡＩの進化を例に挙げています。つまり、「教師なし学習」の特徴である「解き方そのものを考えさせる」ことの重要性を指摘しているのです。現在ＡＩはどのように学習して、どうしてそのように判断しているのか人間にはわかりません。しかし、そのような学習の結果ＡＩは驚くほどの発達を遂げました。同じような学習への考え方の変革が人間にも必要だというのです。すなわち、答えに近づくために自由に取り組むことが重要となっていくのです。

今後、数学や理科においては観察・実験を通してその枠組みだけに通じる知識を得るということより、そこから科学的に探究する力やデータを分析し課題を解決していく力、つまり実際に様々な場面でその知識を自由自在に使える能力を伸ばす必要があります。なぜならば、これからの社会では未知の問題に対し、学んだ知識を活用して対処していく能力が必要となるからです。

これまでは、答えとその解き方を学んできました。いわば、「歩く道」を示してもらって正しくその道を歩く方法を教えてもらってきたと言えます。今後は、「道の歩き方」そのものを学んでいくことが重要であると思われます。

ＩＣＴと教師の役割

ここに教育とＩＣＴ活用の新しい関係が見えてくるのではないでしょうか。つまり、これからの時代に必要なことは、「学ぶこと」そのものにＩＣＴを使うようにすること、そして「ＩＣＴをどこでどんな目的でどう使うか」は学習者が決められることが必要であろうと思われます。

そしてそのためには、教師の役割も大きく変化していかなければなりません。これまでは教師は効果的に教えることにその労力を割いてきました。

作家で工学者の森（二〇一〇）は、「教えられることがあるとすれば、自分の生き方を見せる以外にない。…（中略）…人間から人間へしか伝達できないものとは、その人間が持っている方向性であり、つまりは「生きていく姿勢」と、その要因となる、あらゆる行為のセンスである。運動でも技術でも、先生がやるところを見て学ぶのだ。…（中略）…そしてこの場合でも、まず受け手が何らかの感動をして、対象への憧れを持たなければならないだろう。「凄いな」という感動が、学ぶスイッチをＯＮにするのだ。」と述べています。

また日本の「わざ」を研究した生田（二〇〇七）によれば、「わざ」の世界では、師匠の芸を「善いもの」と同意することで、弟子はそのわざを模倣するのだそうです。これを師匠側から見れば、「師匠は凄い」と弟子に心から思わせることが師匠のするべきことで、それにより学びの方向性を決定づけることができるのです。

これから教師に求めれる資質として重要なことは子どもたちに「凄い」と感動を与えれる人間で、子どもたちへ「学びの方向性」を示せることであろうと思います。そうなれば、子どもたちはＩＣＴを使い自由にその方向に向かって学びだすでしょう。そしてそのとき教師が何かするとしたら、ＩＣＴの自由な活用がまだ子どもたちにとって難しいようだったらそれを手伝ってあげるということになるかと思います。

現在、ＡＩに奪われる職業についての話が流行りのようです。その中には「教師」がランキングされていることがあります。簡単に言えば、「ＡＩにより適切に個にあった指導がなされるようになる」というのです。学校教育がこれまでの教育観に縛られ続ける限り、そうなる可能性は否定できません。しかし、教師が学びの方向性を示す存在に変わるのであれば、（少なくとももうしばらくの間は）ＡＩが教師の仕事を奪う事態は起き得ません。もちろんＡＩが自由な学びの手伝いをしてくれるのは間違いなく、より柔軟な使い方を可能にするでしょう。しかしＡＩがどんなに凄い能力を発揮したとしても、ＡＩに対し「凄い先生」と感動する子どもはいないでしょう。そういう意味でＡＩには先生は務まらないのです。

これからの理数科教育に求められること

将来、理数科の教育は、教科の枠組みのなかで使える原理法則を教えるのではなく、その原理法則を学ぶ過程を観察や実験をしながら学ぶものになるでしょう。そしてその過程を方向付ける役割を担うのが教師で、子どもにその方向を向かせるだけの「凄い」人で、ＩＣＴは「主体的に学ぶために自由に使うもの」となっているのではないでしょうか。

そしてこのためには教師側の意識改革が必要です。日本の教師は教えるのがとても上手ですが、ある意味その得意分野である「教えること」を放棄しないといけないからです。

日本の教育がそちらに舵を切れるかどうか、また、単に指導テクニックだけを持っているのではなく、「この人、凄いな」そのように感じさせるような教師がたくさん生まれるか、これからの時代の教育がよい方向に進むか否か、もっと端的に言えば「教師がＡＩに仕事を奪われる程度の職業なのかどうか」はそこにかかっていると思われます。

文献

赤堀侃司（二〇一三）教育工学への招待 新版　ジャムハウス
赤堀侃司（二〇一六）デジタルで教育はかわるか　ジャムハウス
ベネッセ（二〇一六）第六回学習指導基本調査 ＤＡＴＡ ＢＯＯＫ（小学校・中学校版）
生田久美子（二〇〇七）「わざ」から知る　新装版　東京大学出版会
今井むつみ・野島久雄（二〇〇三）人が学ぶということ　北樹出版
森博嗣（二〇一〇）創るセンス工作の思考　集英社新書
文部科学省（二〇一七）小学校学習指導要領（平成二九年告示）・中学校学習指導要領（平成二九年告示）
文部科学省　初等中等教育局教育課程課（二〇一九）子どもの未来を支える皆さまと共有したい新しい学習指導要領：生きる力　学びのその先へ
OEDC（2015）*Students, computers and learning: Making the connection*. OECD publishing.
OECD Tokyo Centre（2015）学校で技術利用の潜在性を引き出すためにも新しいアプローチが必要

https://www.oecd.org/tokyo/newsroom/new-approach-needed-to-deliver-on-technology-s-potential-inschools-says-oecd-japanese-version.htm（二〇一九年五月三日閲覧）

佐藤克美・渡部信一（二〇一八）熟達者の「わざ」をデジタルで伝える　山西潤一・赤堀侃司・大久保昇（編著）学びを支える教育工学の展開　ミネルヴァ書房、六一－八五頁

Usui, Y., Sato, K., & Watabe, S. (2017) Computer graphics animation for objective self-evaluation. *IEEE Computer Graphics and Applications*, 37 (6), 5-9.

渡部信一（二〇一八）ＡＩに負けない「教育」　大修館書店

2-3　AI時代の「プログラミング教育」

水内豊和

プログラミング教育とは

二〇二〇年度より、小学校においてプログラミング教育が必修化されます。プログラミング教育では、自分が意図する一連の活動を実現するために、どのような動きの組み合わせが必要であり、一つ一つの動きに対応した記号を、どのように組み合わせたらいいのか、記号の組み合わせをどのように改善していけば、より意図した活動に近づくのか、といったことを論理的に考えていく力（＝プログラミング的思考）を各教科等での学びの中でねらうことが求められています。

筆者が小学生だった一九八〇年代（昭和時代）、子どもがコンピュータを用いてプログラミングをするなんてことは普通はありませんでした。筆者は幸いにも家にパソコンとしてNEC PC-6001があり、また当時は理系少年として興味関心もあったため、パック

図2－8　PC-6001の起動画面

マンのようなゲームを作りたいと思い、当時のプログラミング言語で書かれたプログラム集を買い、ひたすらキーボードで打ち込んだのもいい思い出です（図2－8）[1]。その時のプログラミングといえば、黒い背景の画面に、文字だけの暗号めいたものを、何百行に渡ってひたすら打ち「Run（＝実行）」をして、うまく動かなければ、その度にどこが入力が間違っているのかを事細かに確認してバグを取り除く（デバッグ）……、というのを繰り返す作業でした。それだけの作業をなんとか完遂して、ドット絵のキャラクターが右に歩いただけで、それがたとえほんの数行のＢＡＳＩＣプログラム[2]であろうと、自分の思った通りに動いた時の喜びは何にも替えられないものであったことを覚えています。ただし、当時の記録媒体は、ハードディスクなんてありません。フロッピーディスクよりもさらに前の時代でしたので、なんとカセットテープの磁性体に記録するというとても脆弱性を抱えたもので、うまく記録されない、消えてしまうなどは、当たり前のことでした。

二〇二〇年（令和時代）から導入される小学校におけるプログラミング教育は、「プログラミングをすること」が主眼ではありません。またプログラミングをする作業も、先述のような、写経のような苦行（笑）ではなく、小学生でもわかりやすいように開発されたビジュアルプログラミングツールが用いられます。小学校低学年ぐらいで十分理解でき、よく用いられる代表的なプログラミングツールである「Viscuit」[3]と「Scratch Jr」[4]とを例にして、「パックマンが口をパクパクしながら右に移動して止まる」という意図する一連の活動について、プログラミングした例を図2-9・2-10に示します。これは基本的操作を習得している筆者の娘（小学4年生）に依頼して作成してもらったものです。

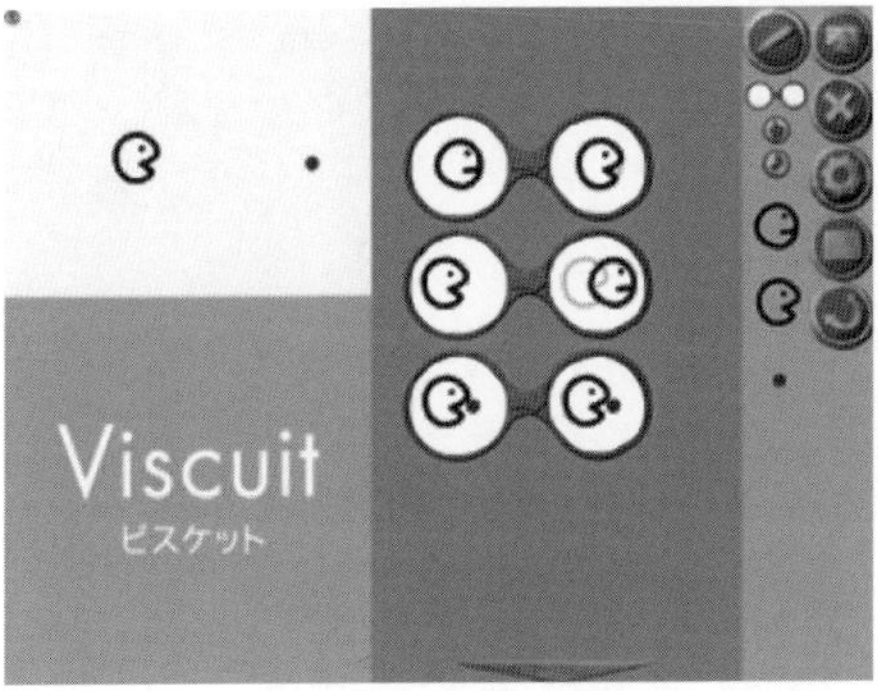

図2-9　Viscuit によるプログラミング

図2-9の「Viscuit」では、必要な部品は、口を閉じたパックマン、口を開いたパックマン、止まる目印の三つです。それを「めがね」と呼ばれるプログラミングツールでプログラミングしていきます。めがねの左に入れた部品が、右のように変化する、という命令を作ることができます。一番上のめがねは、「口を

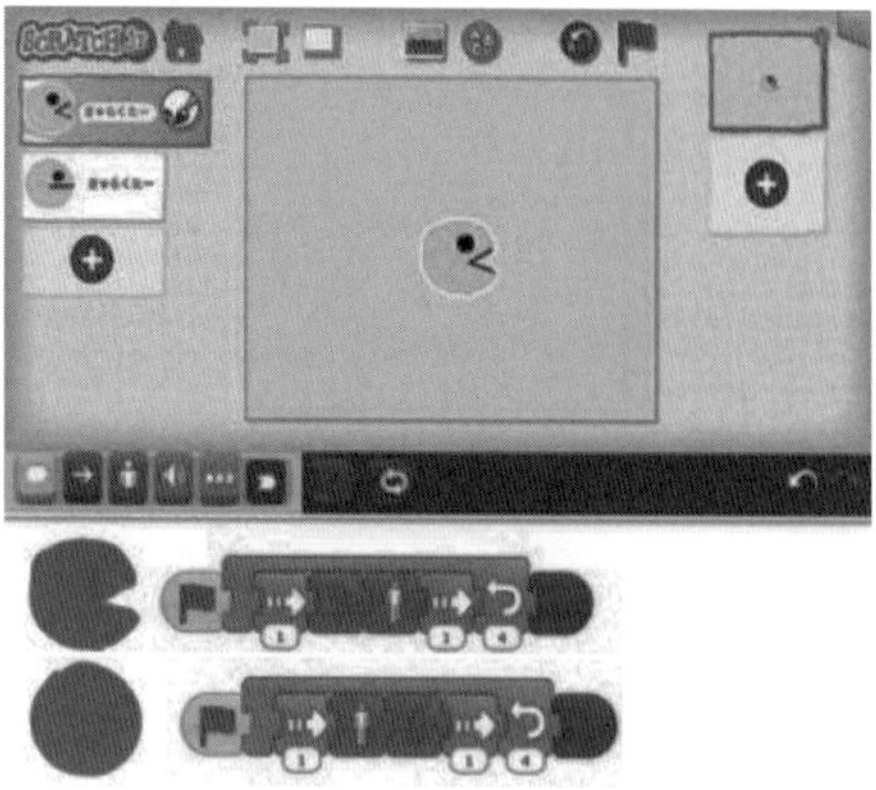

図2-10　Scratch Jr によるプログラミング

閉じたパックマンが開ける」です。二つ目のめがねは「開けた口を閉じる&右に進む」です。三つ目のめがねは「点の左に来たら止まる」です。そして「ステージ」と呼ばれる部分に、パックマンと、適度に離した点のパーツを配置すれば、パックマンは、口をパクパク開閉しながら右に動き、点の左まできたら停止します。

図2-10に示す「Scratch Jr」では、画面下にあるブロックのようなパーツの組み合わせ二つで命令を作成しています。上のプログラムは、口を開いたパックマンの動きのプログラムであり、旗のアイコンをクリックしたら、一つ分右に移動し、消え、現れ、一つ分右に移動し…という動きを四回繰り返したのち停止する、下のプログラムは口を閉じたパックマンの動きのプログラムであり、旗のアイコンをクリックしたら、一つ分右に移動し、現れ、消え、一つ分右に移動し…という動きを四回繰り返したのち停止する、となっています。上の画面には、口を閉じたパックマンと口を開いたパックマンとが重ねて配置してあります。旗の

アイコンをクリックすると、プログラム1と2が同時に走ることで、二つのキャラクターが交互に出現と消失を繰り返し、あたかも口をパクパクさせながら右に移動するパックマンの動きを再現することができます。

もし、筆者の子ども時代に同様のプログラムをしようと思ったら、まずはパーツであるパックマンの絵を、0と1の数字の組み合わせでプログラミングするところから始めなければなりません。しかし先述の二つのプログラミングツールでは、タッチ画面に指で描画するだけです。口が開いた・閉じたという二パターンのパックマンを描くことは、スマホやタブレットが日常生活に浸透した今日、難しいことではないでしょう。事実、筆者の娘も、一つのパーツを描画するのに要したのはわずか一〇秒程度でした。したがって、小学校でねらうプログラミング教育である、「自分が意図する一連の活動を実現するために、どのような動きの組合せが必要であり、一つ一つの動きに対応した記号を、どのように組み合わせたらいいのか、記号の組合せをどのように改善していけば、より意図した活動に近づくのか、といったことを論理的に考えていく力」(=プログラミング的思考)(文部科学省、二〇一六)を養うことについて、技術的には一昔前よりもずっと注力しやすくなっていると言えます。

学校教育におけるプログラミング教育の現状

それでは、学校教育においては、このプログラミング教育は、どのように実施されていくのでしょうか。

二〇二〇年の学習指導要領の改訂に伴いプログラミング教育の必修化が近づいてくるなか、筆者の住む地方都市である富山市でも、それに先立ち二〇一八年度よりいくつかの小学校を研究指定校と定め、プログラミング教育に関する実証研究を進めるとともに、市内すべての小学校四年生を対象に、学校における一授業時間（四五分間）を割いて、プログラミング教育の体験的学習が、業者委託により実施されました。講師は委託を受けた民間ICT企業のインストラクター。もちろん、わずか四五分間でできること、学校にあるICT環境は限られていることから、実施された内容は、タブレットPCにインストールされた Scratch[6] というプログラミングツールアプリを用いて、正多角形を作図するというもの（図2-11左）。キャラクターに鉛筆を持たせて、〝グリーンの旗を押せば、指定した座標からどれぐらい歩き、そこで何度右に曲がるのか、それを何回繰り返すのか〟をブロック型のプログラミング言語でプログラミングします（図2-11右）。これは文部科学省[5]

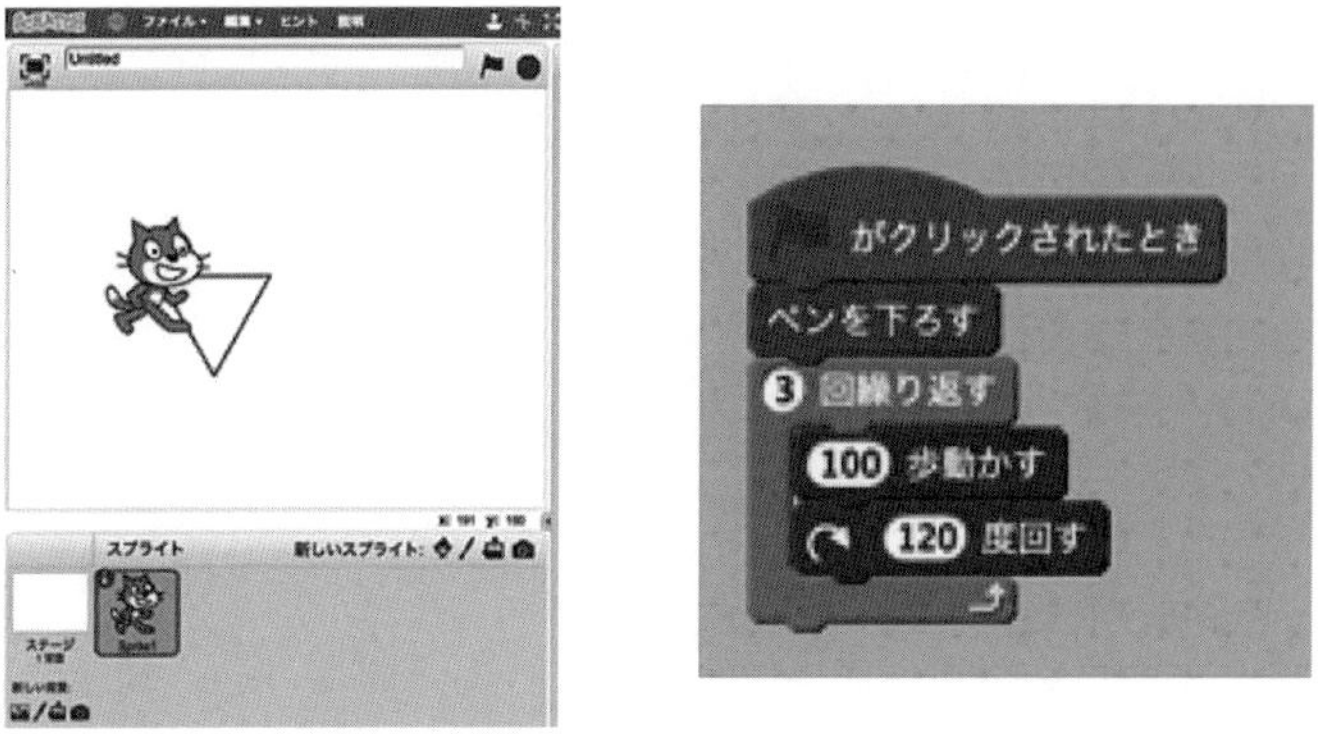

図2-11　Scratch による正三角形を描くプログラミング

が小学校の教育課程内で実施することとしている学習活動分類でいえば「A　学習指導要領に例示されている単元等で実施するもの」（いわゆるA分類）であり、算数科第五学年の学習内容に該当します。ここでは正多角形について「辺の長さが全て等しく、角の大きさが全て等しい」という正多角形の意味を用いて作図できることを、Scratch のような視覚的訴求力の高いプログラミングツールを通して確認するとともに、人間には正確な作図は難しくともコンピュータであれば容易にできることがあることに気づかせることがねらいとなります。

確かに、コンピュータを用いれば、正七角形でも、正十七角形でも、そして正三百六十五角形であっても、きちんと作図してくれるでしょう。従来の定規と分度器のみで正確に作図することが難しいという経験をこれよりも先にしていれば、この単元においてプログラミングツールを用いた作図は、正多角形の基本的な性質をビジュアルで理解するだけでなく、プログラミングによる恩恵を感じることでプログラミング的思考が養われる経験をすることができるでしょう。また、正ｎ角形のｎが増えれば増えるほど、円に近似していくことをアニメーションで視覚的に理解することで、円の学習の導入にも使えるかもしれません。この富山市における四年生児童に対する悉皆のプログラミング教育「的経験」が、児童のどのような学びにつながったのか、そして企業の講師が行う指導を見ていた教師はどのように感じたのか、教育分野の研究者である筆者にはとても気になるところです。これだけの教育的予算を使って子どもへの教育的効果が「そこはかとなく楽しかった」レベルとなってしまったり、取り組みを見た教師がこのようにすることがあたかも文部科学省が求めるプログラミング教育と認識し、それを形式的に再生産する「量産型プログラミング教育」となってしまわないことを願わずにはいられません。

ここで筆者の取り組みと、学校教育や教師の持つ教育力の観点から、改めてプログラミング教育の今とこれからを考えてみましょう。

「知的好奇心」を高めるプログラミング教育

筆者は二〇一七年度より、研究開発指定を受けた小学校での実証研究や、一般の親子を対象にした大学の公開講座などの場での体験講座、現場の教師を対象とした体験的な研修会を数多く実施してきました。そこでは、従前のプログラミング教育の目指す学びも大事にしつつ、子どもたちの「できた、わかった、うれしい！」をいかに引き出すかを、様々なプログラミングツールを用いて検討してきました。

図2-12　プログラミングロボット Ozobot

筆者がよく子ども向けの体験講座で行うプログラミング教室で用いる教材の一つに、たこ焼きサイズの「Ozobot」というマイクロロボットがあります（図2-12）。これは黒のラインをトレースして動きます。インプットされている赤・青・緑三色の組み合わせから成る三〇種類ほどの決められたコードがあり、ライ

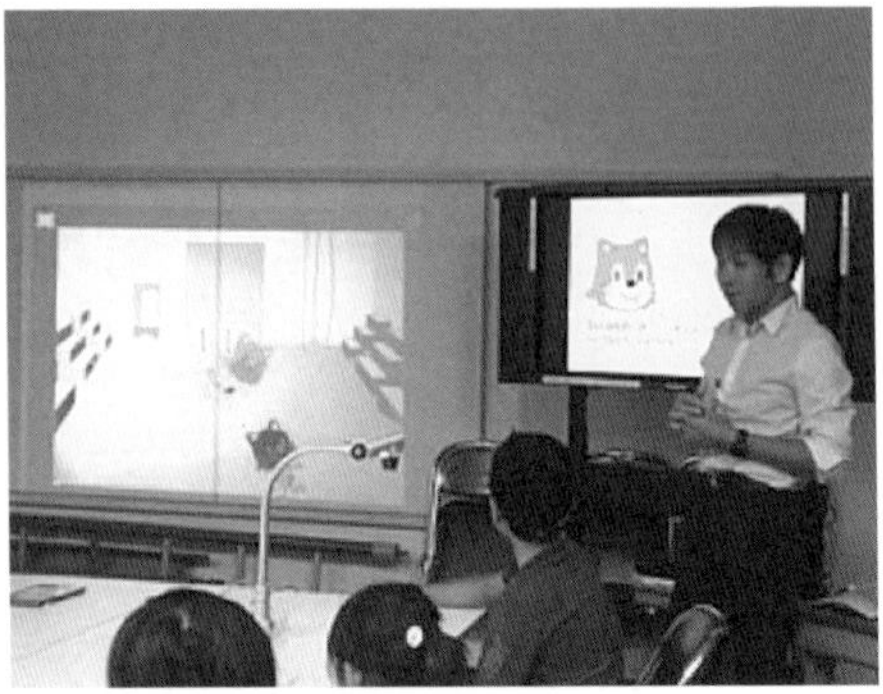

図２－13　筆者の行う「親子で楽しむ！プログラミング講座♪」

ン上の色の組み合わせを読み込むことで右折したり、止まったり、回転したり、速度をあげたりします。

二〇一七年度から、毎年、小学生親子を対象とした大学の公開講座において、「親子で楽しむ！プログラミング講座♪」を開催していますが、その中でも「Ozobot」の回はとても盛り上がる活動の一つです（図２－13）。筆者は図２－14のような問題と、三色の丸シールを渡して、「どうしたら「Ozobot」くんが、ゴールまで行くことができるかな？」という問題を出しています。その前に、隠されたコードの意味を発見する活動を行なうのですが、小学校三年生のＫ子ちゃんは、プログラミングをする問題よりも、コードを発見するこの活動にしっかり時間をかけており、ゆっくり進む動きは「ナマケモノ」、ダンスのようなキレのある動きは「安室奈美恵」、三六〇度ターンは「羽生結弦」と、とても愛らしくコードを命名してくれました（図２－15）。

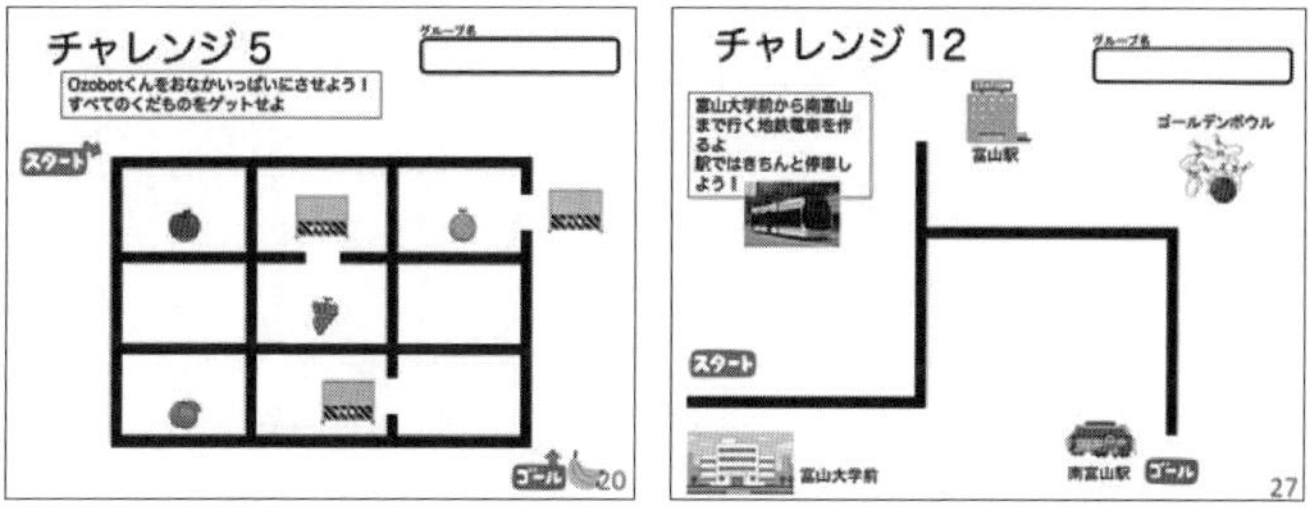

図2-14　Ozobotでプログラミングを考える活動

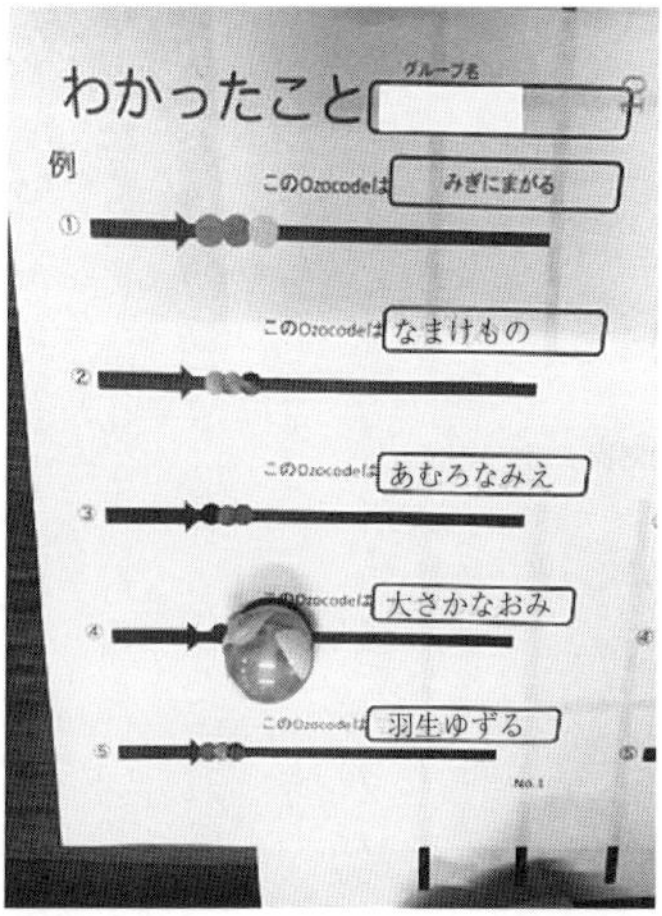

図2-15　ユニークなコードの命名

このように、プログラミングの習得以上に、子どもたちの見せる自由な発想に何度もびっくりさせられたものです。

ただし、もしこの場面が、小学校の一斉授業のなかでのものであれば、K子ちゃんの活動は、教育のねらいの本質から外れており、教師は、そんなことよりも早くここでの課題（つまり、いかに効率的にプログラミングをして「Ozobot」をゴールに辿り着かせるか）に取り組ませることを重視することになりそうです。しかし、文部科学省がねらう先述の論理的に考えていく力の育成は、昨今急増しているプログラミング塾のようなところで指導プログラムに沿ってコンピュータスキルをなぞるように教えるものと、同じでよいとは思いません。プログラミング教育に限らず、学校での教育という所作とそれによる所産は、学校のような教育的環境、教師のわざ、学び合う文脈など、これまでの学校教育と教師が培ってきた「教育」の持つ力が大きく影響することを痛感しています。プログラミング教育における子どもの能力の開発や伸長は、いかに知的好奇心を喚起できるかにかかっているのではないでしょうか。

国が求めているプログラミング教育

文部科学省が二〇二〇年二月に示した「プログラミング教育の手引（第三版）」には、小学校の教育学習場面に準じてプログラミング教育を行う具体的な例が数多く示されました。また文部科学省、総務省、経済産業省が連携して、教育・ＩＴ関連の企業・団体等とともに設立した「未来の学びコンソーシアム」が提供する「小学校を中心としたプログラミング教育ポータル」（文部科学省・総務省・経済産業省、二〇一八）でも多くの実践事例を見ることができます。こうした実践事例の蓄積と提示は、二〇二〇年からの小学校でのプログラミング教育必修化に伴い、急ピッチで進められるべき課題とされています。それは、文部科学省委託事業による「教育委員会等における小学校プログラミング教育に関する取組状況等について」の調査結果（文部科学省、二〇一九）からは、「特に取組をしていない」という「ステージ0」にあたる教育委員会・学校が二〇一七年度には全体の五六・八％だったのが、二〇一八年度には四・五％と激減し、その分、プログラミング教育の全面実施に向けた取組をしている教育委員会・学校が急増していることからもうかがえます。この調査からは、小学校のプログラミング教育を推進するために、授業を進めるための具体的な取組事例や教師研修、分かりやすい教材の提供等の必要性が示唆されます。

こうした状況をみると、二〇二〇年度に全国の小学校で必修化となるプログラミング教育は、おそらくは先の文部科学省の手引を参考とした取り組みが多く見られるだろうことは推測に難くありません。つまりは正多角形（小五算数）、電気の性質（小六理科）、ジュースの自販機の仕組みを考える（総合的な学習）の三つに代表される、学習指導要領に例示されているものです。これは、そもそも教師自身がプログラミング教育を受けてきたことがないことを鑑みると、黎明期はそのようなものかもしれません。しかし、先に述べたように、教育、こと学校教育においては、知的好奇心を高めるための教材の工夫、反転学習のような指導法の工夫、協同的な学びなどがあります。我が国の教育、教師の力を信じる筆者としては、ことプログラミング教育においても、そのような学びのあり方を期待したいと思います。

プログラミング教育の必要性――子どもたちの「いま」と「これから」のために

一九八三年に任天堂よりファミリーコンピュータが発売されました。小学生だった筆者も当時発売された「スーパーマリオブラザーズ」に夢中になったものです。このソフトのデータ容量はなんと四〇ＫＢ（キロ・バイト）(7)。今のスマホで撮る写真が一枚で数百ＫＢ～数ＭＢであることから、私たちが普段、無意識的に触れているデータ量そのものが指数関数的に増大していることは明確です。こうしたことは何もデータ量に限ったことではなく、二〇四五年ごろとされるシンギュラリティ(8)に見るように、ＩＣＴに関わる全てのことに共通することです。しかし、そのようなことを気にしているのは、わずかばかりのシステムを作る側の人であり、大多数の受益者たるコンシューマーは今あるものを使うことに満足しているのではないでしょうか。

同じことは、プログラミング教育にも当てはまります。我が国のナショナルカリキュラムである「学習指導要領」は、ほぼ一〇年を目安に改訂されてきています。しかし、本書のテーマ「ＡＩ時代の教育」を考えた時、今後も加速度的にＡＩの発展が進むことは間違いありません。したがって、そろそろ教育においては、不易と流行とを明確に切り離して考えるべきではないでしょうか。少なくとも、内容論と方法論に大別した場合（そのこと自体がナンセンスかもしれませんが）、後者については、今後は一〇年というスパンで改訂するのは遅いと考えます。二〇二〇年の改訂学習指導要領の耐用年数は一〇年と考えないほうがよいでしょう。たとえば、ジュースを販売する自販機が今の形であることは誰にも保証できないのです。小学校段階におけるプログラミング教育は文部科学省の示す「コーディングを身につけることが主目的ではない」という文言（二〇一六年の「小学校段階におけるプログラミング教育の在り方について（議論の取りまとめ）」）を誇張解釈して、小学校段階のプログラミング教育は「コンピュータを用いない、アンプラグド・プログラミングの教育[9]」だけでよいという論調で語られることがしばしば見られます。たしかに、プログラミング教育はプログラマーを育てることではありません。しかし、プログラミング的思考が長けた人は、物事を論理的に考えることができ、例えば誰かにものを頼む際にも、その指示は的確でわかりやすいものとなるでしょう。今日プレゼンテーション能力とスキルは社会人のみならず大学教育においても必要ですが、分かりやすいプレゼンテーション作成の可否はプログラミング的思考に大きく左右されます。Power Point を代表としたプレゼンテーションソフトを使いこなすための学習も含め、ＡＩ時代を生き抜くための新しい学びにおいてコンピュータに触れないで良い、アンプラクドだけで良いということはないと考えます。

今、小学生の間で流行っている「意味がわかると怖い話」の一節に「囲碁や将棋では全く勝てなくなったが、このゲームでならまだ互角に渡り合える。さすがは人工知能が考えたゲームだ。」という話がありますが（氏田、二〇一八）、これを一〇年後も冗談として笑っていられるためにも、プログラミング教育の成否が試されていると言えるでしょう。

註

（１）当時はマイコンと呼ばれ、他にも比較的安価なＭＳＸやＰＣ-８００１などの民生用ハードが輩出されたほか、プログラミング事例を掲載する専門誌なども多数刊行され、それらを用いてプログラミングを楽しむなど、マイコンブームが起こった。

（２）一九七〇年代～八〇年代に用いられた初心者向けプログラミング言語の一つ。

（３）Viscuit（ビスケット）は、合同会社デジタルポケットが開発・提供する、国産の教育用のビジュアルプログラミング言語。絵の変化（動き）の仕方を「めがね」という部品を使ってコンピュータに教えてプログラムを作成する。二〇二〇年四月現在、教育的用途においては無償で利用できる。

(4) Scratch Jrとは、ブロック型のコマンドをつなげてプログラムを作成する、入門用のプログラミング言語である。タフツ大学、MITメディアラボの Lifelong Kindergarten グループ、Playful Invention Company が共同開発し、無償で利用できる。

(5) コンピュータにソフトウェア（アプリ）を追加し、使用可能にすること。

(6) MITメディアラボが開発した Scratch Jr の上位機能版にあたる、プログラミング言語学習環境。

(7) データの量を表す単位で、キロ（K）は単位に冠して、一〇の三乗倍を意味する接頭語。コンピュータなどの世界では、二の一〇乗バイト（一〇二四バイト）を指す。キロバイトの上の単位がメガバイト（MB）やギガバイト（GB）。

(8) シンギュラリティ（技術的特異点）とは、人工知能が発達し、人間の知性を超えることによって、人間の生活に大きな変化が起こるという概念を指す。シンギュラリティという概念は、人工知能の権威であるレイ・カーツワイル博士により提唱されたもので、少なくとも二〇四五年までにはシンギュラリティに到達するとされる。

(9) コンピュータやキーボードを使わず、カードなどを用いたアナログ的手法によりプログラミングを学ぶこと。

文献

文部科学省（二〇一六）小学校段階におけるプログラミング教育の在り方について（議論の取りまと

め）https://www.mext.go.jp/b_menu/shingi/chousa/shotou/122/attach/1372525.htm（二〇二〇年三月二五日閲覧）
文部科学省（二〇一九）教育委員会等における小学校プログラミング教育に関する取組状況等　https://www.mext.go.jp/a_menu/shotou/zyouhou/detail/1406307.htm（二〇二〇年四月一〇日閲覧）
文部科学省（二〇二〇）小学校プログラミング教育の手引　https://www.mext.go.jp/a_menu/shotou/zyouhou/detail/1403162.htm（二〇二〇年四月一〇日閲覧）
文部科学省・総務省・経済産業省（二〇一八）小学校を中心としたプログラミング教育ポータル　https://miraino-manabi.jp/（二〇二〇年四月一〇日閲覧）
氏田雄介（二〇一八）意味がわかるとゾクゾクする超短編小説ゾク編　五四字の物語　怪　ＰＨＰ研究所

コラム　プログラミング教育のヒント

読者の皆さんは、ぜひ以下のような事象について、プログラミング教育として迫ってみてはいかがでしょうか？

「おおきなかぶ」を抜くために

小学校の国語の教科書にも取り上げられている「おおきなかぶ」。かぶをおじいさんがひっぱって、おじいさんをおばあさんがひっぱって……最後はねずみまで駆り出されて、とうとうかぶは抜けます。それでは、最終的に全員で結集した体力（かぶ抜き力？）を一〇〇とした時、登場人物（動物？）に、それぞれに体力を適当に割り振ってみましょう。おじいさんは三〇ぐらい？、孫は二〇、いやいや孫こそ四〇ぐらい？…なんて考えながら、それこそ Scratch の得意とする「プログラミング絵本」を作成してみるといいかもしれません。たかがねずみ、されどねずみの存在に今更ながらに気づくかもしれませんね。

カップラーメンとカップ焼きそばの違い

誰しもが通る道、それはカップ焼きそばで湯切りをする前にソースをかけてしまうこと……今日はカップ麺が食べたいな、というところから、完食に至るまで、そこには、実はドラマがあります。そしてそこには、順次、条件分岐、そして繰り返しというプログラミングの要素が入っています。このようにして学習した知識は、経験とともに長期記憶として保存され、きっとカップ焼きそばがソース味のカップ麺と化することは無くなるのではないでしょうか。ふたがゆるくて湯切りの際に麺をシンクに流してしまうというリアルな痛い経験からバグをとる作業（デバッグ）も重要です。

●対物センサーの有効活用

レゴⓇ We Do2.0などのロボットプログラミングツールや、ＳＯＮＹのＭＥＳＨには、センサーなどいろいろなパーツがあります。モーションセンサーは、反応距離などを自由に設定できます。もし子どもに、これを使って「世のためになるもの」ではなく「あなたが作りたいもの」を自由に作らせたら、それはもちろん、子ども部屋に接近するママが来た時に通報する人感センサーを作るに決まっていますよね。それいいね、面白いアイデアだね、なんて話をしていたら、視覚障害者が用いている白杖の先に埋め込んだらいいじゃない、という方向に話が進んでいきました。

●ディスカッション●

AI時代の「教科教育」はどこへ向かうのか？

三浦和美×佐藤克美×水内豊和×渡部信一

「デジタル教科書」の未来

渡部　三浦先生から、実際に教員養成において「デジタル教科書」を活用した授業実践の様子を報告していただきました。特に、「デジタル教科書」の動画活用についても検討なさっていますね。実際に「デジタル教科書」を活用した授業をなさってみて、どのような感想をお持ちですか？

三浦　学生は、「デジタル」というだけで受け身になってしまいます。これは、ここ二、三年実践していて同様です。でも、そのことで学生を責めるつもりはありません。彼らは翌年度の「教育実習」をひかえていますが、そこで「デジタル教科書」を使って授業を行なってくれれば良いなあと思います。

渡部　なるほど。学生さんは「デジタル教科書」に対して興味を示さないのですか？

三浦　いえ。受け身にはなってしまいますが、興味は示してくれます。「デジタル教科書」に触れた学生は、「今までにできなかったことができそうだ」とか「面白そうだ」といった感想を持ちます。また一方で、「黒板を使った授業とどう共存して使用したらよいかを考えると操作に手間取りそうだ」といった戸惑いも出てきます。

渡部　結構きちんと、メリットとデメリットをとらえているのですね。三浦先生ご自身は、授業の中での「デジタル教科書」活用をどのようにお考えですか？

三浦　「デジタル教科書」を従来の指導法と合わせて授業の中で使いこなしていくために、様々に工夫していくことが大事だと思います。社会科の「デジタル教科書」では動画資料が豊富なため、児童生徒が繰り返し見ることで考えを深めることができます。社会科と「デジタル教科書」の親和性は、高いと思います。結局、教師自身がどの教科のどの段階でどう使うかを具体的にマネジメントできるようになることが最も重要だと思います。

佐藤　確かに私も「デジタル教科書」の有効性はわかるのですが、何せ教師は忙しい。「デジタル教科書」以外にも、様々なＩＣＴ機器の使い方、「プログラミング教育」の導入、英語の指導など、教師に求められる仕事が最近一挙に増えています。

渡部　その他にも、日々の授業の準備、事務的な仕事、保護者対応などで多忙を極めてますね。

佐藤　これらの負担を軽減する、もしくは教師の能力を高めるためにはどうすべきとお考えでしょうか？

三浦　そのような状態だからこそ、大学教職課程での学習をもっと積み重ねていく必要があると思います。大学時代に少しでも学習していれば、教師になってから「どうする？」ということはなくなります。これからの教育を考える時、「大学教育」が要になっていくのではないかと思います。

渡部　なるほど、そうですね。佐藤先生や水内先生は「デジタル教科書」に関して、どのようにお考えですか？

佐藤　やはり「デジタル教科書」の特徴は、動画や写真が豊富に見られるという点だと思います。文字情報に比べて、動画や写真から得られる情報は多いですから。例えば、「青い海」と言ってもどんな青でどんな海かはわかりませんが、写真を見ればどんな青なのか、どんな海なのか浅いのか深いのか、南国なのか北国なのか、そういった情報を得ることができます。

渡部　なるほど、それがメリットですね。

佐藤　反面、「青い海」という文字からは、その言葉を書いた人の言いたいことがわかりやすく伝わりますが、写真からはその写真を撮った人の言いたいこと、すなわち「青い海」であることが伝わるかどうかはわかりません。もしかしたら学習者は「青い海」ではなく「砂浜がきれい」というメッセージを受け取ってしまうかもしれません。あまりにたくさんの情報がありすぎて、どれもあまり記憶に残らない可能性もあります。

水内　三浦先生は「指導者用デジタル教科書」を中心に書いていますが、「学習者用デジタル教科書」の未来についてはどのようにお考えですか？

三浦　私の経験では、様々な学校にお伺いするとタブレットは学校全体で四〇台というところが多いようです。全校の児童生徒に行き渡らせるためには膨大な予算がかかりますし、それが家庭の負担になるのかも今はよく分かっていませんね。ただ、紙の教科書と同じで、指導者用があれば当然児童生徒も手元に同じものがあったほうがよいだろうとは思います。未来には、そのようになっているのだろうと推察できます。

渡部　さて、色々お話をうかがうことができましたが、果たして「デジタル教科書」は教育現場に定着してゆくのでしょうか？

三浦　とりあえず二〇二〇年度から使用が開始される予定でしたが先送りされました。今後どのように普及していくのか、現時点で私には分かりません。ただ、大学で何度か「デジタル教科書」を使った授業をしてみて思うことは、「デジタル教科書」を使うともっと授業は面白くなるだろうということです。

渡部　「デジタル教科書」を中心にして、そこから関係する外部のサイトにリンクを張ったり、子どもの能力に合わせて「ふりがな」を表示したり消したり……意外とそのような何気ない機能が役に立つのかもしれません。

授業におけるICT活用

渡部　最初に「デジタル教科書」について話してきましたが、「デジタル教科書」以外にも今後、様々なＩＣＴが教育現場に入ってくるでしょうね。

水内　私もそう思います。子どもたちは、「学校」以前に家庭でもタブレット端末をはじめとしたＩＣＴに触れてますから。

渡部　街中でも、小さな子どもがスマートフォンをいじっている姿をよく見かけます。

水内　例えば橋元ら（二〇一九）は、二〇一八年一〇月に母親約二二〇〇人を対象に、乳幼児（一～六歳、第一子）のスマートフォンの利用状況や育児中のデジタル機器利用の実態について調査しています。〇歳児に「スマホを利用させている」と答えたのは実に三四・

九％。これは二〇一七年度の同調査においては二三・五％であったことから、一年間で一一・四ポイント増加しています。

渡部　約三五％の母親が、〇歳児にスマホを利用させているのですね……驚きです。

三浦　以前、新聞で生後一年にも満たない乳児にスマホを持たせていると報じていたのを読んでもうびっくりしました。私が子育てをしていた時代とは全く環境が変わっています。

水内　今はまさに、そういう時代です。

三浦　ここ二、三年、教育現場でタブレットを使った授業を参観する機会が増えています。なかなか上手に使いこなせている場合もあれば、操作そのものにあたふたしてしまう場合もあります。上手にできている場合は間違いなく、黒板を使った従来の指導もうまくできています。

佐藤　結局、そういう先生は授業のイメージがしっかりあって、教材研究も上手ということでしょうね。

三浦　佐藤先生の節（２‐２）の中で、化学実験「ナトリウムと水が激しく反応する」が成功例として紹介されています（一〇六頁）。このようにＩＣＴ機器は、いつ、どこで、何を使うかの構成力が求められると思います。今後、タブレットやデジタル教科書などのＩＣＴ機器をどのように使うかという細かい授業設計がとても重要になってくると思います。

佐藤　学校の先生って、普段から「どうしたら授業が面白くなるかな」って考えていますよね。そうすると、「あ、これ使ってみよう」とか「やってみよう」と思いつくわけです。

渡部　「教師」としての才能ですね。

佐藤　でも「ＩＣＴを使え！」と言われると、先生方はみなさん真面目だから「使わなきゃ」という使命感にかられ、無理やり使おうとするから自分の首を絞めてしまうことになる。

三浦　化学実験の先生は、主体的にＩＣＴを活用したわけですね。

佐藤　その先生はデジタル元素図鑑をみるのが好きで、「このような実験をいつかやってやろう」と考えてたそうです。授業が先にあったというより、「これは面白い」というのが先にあったという点がポイントかなと思います。

三浦　現在、「主体的・対話的で深い学び」が話題になっています。文科省には、ＩＣＴを活用することにより「主体的・対話的で深い学び」がより効果的・効率的に実現できるという考えがあるのでしょうね。

佐藤　私も、ＩＣＴを使ったほうが「主体的・対話的で深い学び」の実現が可能なのではないかと思っています。

渡部　でも、必ずしもＩＣＴを使わなくたって「主体的・対話的で深い学び」は可能ですよね。

三浦　はい。従来のように、黒板やノートを使った指導の方が良い場合もあります。ＩＣＴ機器を活用した授業を参観するたびに、「もっと自分の考えをノートに書かせたらいいのになあ」とか「ここではペアで話し合いしたらどうなのかな」と思うことがしばしばです。

佐藤　ＩＣＴを使うと、どうしても手を動かす作業が減ってくるのは確かだと思います。モノを覚えるにはなるべく五感を使った方が良い、つまり運動による刺激も含めた方が良いという話を聞いたことがあります。特に字を書くという作業は、これまでその字自体に形があるので異なる運動ができていましたが、キーボード等ではそれが単に打つという同じ運動にかかわってしまうというデメリットはあるのかなと思います。またその点では、実際にノートに字を書いた方が考えもまとまりやすいのかもしれません。ただ、私は現在は全部キーボードで字を打って考えてますけど、もしかしたら字は手で書いた方が良いアイディアが出るのかもしれません（笑）。

三浦　あるところで、「理科ではＩＣＴなんて使わなくていいのだ！」と力説していた先生がいました。その背景には、実際に見て考える、実験して考えることの繰り返しの中で子どもたちが育まれるという信念があるからに違いありません。

佐藤　それも一理あって、子どもたちが学ぶ理科の知識のほとんどは、ＩＣＴなんてない時代に確立したものですから、その実験をするのにＩＣＴが必要ないというのはあながち間違いではありません。ただ、例えば顕微鏡で見ているモノを説明するときに顕微鏡とデジタルカメラをつなげばみんなで共有できますし、もちろん実際に見ることもできますよね。モノの動きを観察するときにハイスピードカメラを使えばもっとよく観察できますよね。観察や実験をするという行為とＩＣＴ活用は別に相反するものではないと思います。

三浦　理科が苦手な生徒も多いと思いますが、そうした生徒たちにＩＣＴはどう影響を与えると思いますか？　関心がないから、それほどの影響はないのかな？

佐藤　関心がない子の関心を高めるというのはＩＣＴは比較的得意でしょうね。私の節（２－２）で紹介した化学の授業も決して理科が好きな子が多いようなクラスではなかったですから。

水内　佐藤先生は「要するに、日本の学校教育では、ＩＣＴを使っているのは教師で、児童生徒はＩＣＴを活用した教育を受けさせられているだけの場合が多い」（一〇九頁）と指摘しています。

佐藤　そうですね。

水内　自らの思考のツールとしての教育におけるＩＣＴ活用、佐藤先生の言葉を借りれば「主体的に学ぶために自由に使うもの」（一二二頁）としてのＩＣＴとの付き合い方は、教育課程のどの段階から、どの時間において、どのようにねらっていくことが求められるのでしょうか？

佐藤　かなり小さい子でももう普通にタブレットPCを使えますし、小学校の早い時期から積極的に使っていっていいと思います。例えば、ハルジョオンとヒメジョオンをスケッチしようとか言って……ハルジョオン・ヒメジョオンって春から夏によく見かける白い花で両方よく似ているのですが、それをスケッチして、その構造の違いを比べるという授業が小学校低学年にあります。当然ですが子どもたちはみんな構造を比較できるほど上手にスケッチできませんし、みんなだいたい同じ絵をかきます。例えばそこでＩＣＴを使っていいよと言えばどうなるでしょう。

渡部　きっと、写真やビデオ等を使ってその花の画像や動画を撮るでしょうね。

佐藤　そうですよね。不思議なものでスケッチにするとみんな同じでも、写真にするとみんな切り取り方が違うのです。ちなみに最近はインスタとか写真に凝るのがふつうですから、小さな子でもびっくりするくらい凝ったアングルで撮る子もいます。様々な角度から撮られた写真を見れば、構造の違いについて児童自ら気が付くのではないかと思います。

「プログラミング教育」は成功するか？

三浦　二〇〇〇年前後、私が小学校に勤めていた時、学校現場にパソコンが導入されるのを経験しました。その時はもう誰もが必死で取り組みました。「これからはパソコンができないと困るんだ！」という意識は強かったと思います。しかしながら、二〇二〇年度まであと半年だというのに（二〇一九年七月時点）、プログラミングに関しては「えっ、無理だよね」といったあきらめ観が漂っているように感じます。

水内　でも最近、少し状況が変わってきました。二〇一九年四月に文科省が公開した「二〇二〇年から使用される教科書の中のプログラミング」という文書では、小学校全学年・全教科における教科書のなかにプログラミング教育に関わる箇所がどのくらいあるか記載されています。このあたりから、私の周りの先生方やネット上の意見が「えっ、無理だよね」というあきらめ観から「教科書にあるならやらなきゃならないなぁ」という決意へと変わってきたような気がします。

三浦　なるほど、そうですか。私は現在、地域の子ども向けに「土曜子ども塾」を行っていますが、その中でプログラミングも大学のマルチメディア教室を使って行なっています。

プログラミングができる学生が指導者になって数回実施しましたが、プログラミングした猫が動いた時の子どもたちの表情は素晴らしいですね。

水内　私も大学の授業で学生たちにもいろいろなプログラミングツールの使い方を教えますが、目をキラキラさせながら楽しんでいます。

三浦　また、最初は苦手でも何度か練習していくと少しずつできるようになっていくということも体感しました。また、どこでつまずくのか、そのために教え方をどう工夫したらよいかを考える必要が出てきます。

水内　おっしゃる通りです。プログラミング教育は「プログラミング」の前にまず「教育」ですから、そこには対象児の実態把握は不可欠であろうと思います。

三浦　学級にいる様々な特性の子どもたちへの配慮も、教師自身ができないといけませんね。

水内　私は二〇一七年度「総務省プログラミング教育実証研究」において、小学校の特別支援学級を対象としてプログラミング教育を行いました（水内・渡部、二〇一九）。その時、自閉症スペクトラム障害や知的障害のある子どもたちに対して「思考を可視化するためのアナログの支援ツール」を開発しました。

三浦　「プログラミング教育」である前に、まずは「特別支援教育」ということですね。

「プログラミング教育」にも生活科や総合的な学習と同じように、「文科省の例示通りにやっておけば大丈夫」といった感覚が教育現場にはあります。未だに、その呪縛から脱することは難しいですね。全国どこへいっても、一年生は朝顔を育てています。なぜ朝顔なのか……隣の学校もそうだから。

水内　確かに！　なぜ朝顔なのか（笑）。

三浦　「プログラミング教育」も、そうなってしまう可能性があります。

水内　私も三浦先生がおっしゃるように、文科省の例示にあるものや教科書にあるものだけを実施するような状況になることを危惧しています。

三浦　さらに言えば、「プログラミング教育」においては「外部の力を借りないとやれない」という意識を変えない限りダメだと思います。

渡部　なるほど。

水内　「プログラミング教育」は、いかに子どもたちの知的好奇心を喚起できるかにかかっていると、私は考えています。

渡部　もう少し具体的に、教えてください。

水内　例えば、「紙を折ると月に到達する」というテーマの授業をするとします。

渡部　「紙を折ると月に到達する」ですか？

水内　はい……紙を四二回折ると、その厚みは月に到達する距離と同じになるそうです。

渡部　驚きですね。でも、実際に四二回も折ることは可能ですか？

水内　例えば、一般的なＡ４サイズのコピー用紙の厚さは〇・〇九ミリですが、これを現実にやってみると六回も折れば物理的にそれ以上折るのは不可能になります。

渡部　ですよね。

水内　しかし、こうしたシミュレーションもコンピュータを用いれば可能になります。スカイツリーや富士山は、果たして何回の紙折りで到達するのか……

渡部　興味深いですね。

水内　このような授業により、子どもたちの「知的好奇心を喚起できる」わけです。大切なのは、「子どもがワクワクするような自発的・根源的な動因はあるのだろうか？」ということです。

三浦　なるほど。でも、テレビのコマーシャルで「どこどこでプログラミング教室をやっています」という情報が流れてきますね。ああいうのを見ていると、学校の外で学ぶことが多くなるのかなとも感じます。

佐藤　「プログラマ」って、子どもたちに人気の職業の一つですよね。ゲームを作れるっていうのはかなりワクワクします。私たちが子どものころは「将来は漫画家とかアニメーター」でした。そして無駄に一生懸命、毎日絵をかきました（笑）。「将来使える」とか「自分が今ハマっているゲームに触れられる」ということは、それだけで興味が高まるのではないかと思います。ただ、学校で行う「プログラミング教育」はそれを意識はしていないのかもしれないですが。

渡部　中途半端な「プログラミング教育」をするより、いっそのこと将来「プログラマ」になる基礎を教育すると割り切ってしまった方が良いのかもしれないとも思います。

先日、ある専門学校の先生と話したのですが、「ゲームクリエーター科」に入学してくる学生のうち結構な数の学生が「プログラミング」に興味が持てないというのです。

佐藤　「ゲームクリエーター科」って、ゲームをどうやって作るかを学ぶんですよね。「プログラミング」しないで、何をするんですか。

渡部　私もにわかには信じられなかったのですが、彼らはとにかくゲームをしていたいのだそうです。ゲームをするのが大好きで、「ゲームクリエーター科」に入学した。でも、「ゲームをプログラミングすること」にはどうしても興味が持てない。彼らにとって、「ゲームをすること」と「ゲームを作ること」は、まったく別なのです。

佐藤　なるほど、とても不思議ですね。そう考えると、やっぱり「プログラミング教育」って重要ですね。子どもたちが自由な発想を具体化できる場として……これこそ、これからの社会に必要なことなのではないでしょうか。
でも実際には、「プログラミング教育」は間違った方向へ進んでいくのではないかと思います。

水内　私もそんな気がしています。

ＡＩは「教育」を変えるか？

渡部　さて、一〇年後の社会を考えるとき、ＡＩは急速に発展しているだろうし、社会のいたるところに普及・浸透していることは間違いないでしょう。当然、「教育現場」にも大きな影響を及ぼしていることが予想されます。

しかし佐藤先生は、「ＡＩは教育に変化を与えない」（一一七頁）としていますね。

佐藤　はい。ＡＩが発達すれば、学習者のレベルにあった問題を絶妙なタイミングで出題してくれるようにはなるかもしれません。また、学習者の表情を見てわかったかどうか判断して、わかっていないようならもう一度説明するということもできるようになるでしょう。でも、それで「効果的」かと言えば、「教育としては効果的とは言えない」と思います。

渡部　「学習者のレベルにあった問題を絶妙なタイミングで出題」してくれたり、「わかっていないようならもう一度説明する」ことは、「教育としては効果的とは言えない」ですか？

佐藤　はい、単にこれまで行ってきた学習と同じような学習を子どもたちがしやすくなるだけです。でもそれは、「生きて働かない知識」を効率的に詰めこめるようになるだけです。

渡部　なるほど。佐藤先生の言いたいことが少しわかってきました。これまでの教育では「社会で使えない知識」を教えてきた。その基本的な考え方を変えないと、ＡＩを活用してもまったく効果的ではないということですね。

佐藤　その通りです。日本の教師は「枠にはまった状況下でしか使えない知識」を教えている。それでは、社会の中で「生きて働く知識」にはなり得ないのです。

渡部　とても衝撃的なご意見です。

佐藤　私は、ＡＩも「教師の能力を拡大する機能を持つもの」としてとらえています。教師の「考えたり判断する能力」を高めたり支援する道具と言えるでしょう。だから、「教育」が変わらなければ、こんなに期待されているＡＩですら、これまでのＩＣＴと同じような道を歩むだろうと思います。

渡部　これまでのＩＣＴと同じような道って？

佐藤　これまで、ＩＣＴが「教育」を変えるということはありませんでした。それと同じように、「ＡＩを活用したから教育が変わる」ということはないと考えています。

渡部　これまでの「教育」自体を変えてゆかなければならないと……。

佐藤　そうです。むしろ、人間の考え方が変わらないとＩＣＴの使い方も発見できないし、ＡＩも宝の持ち腐れになるでしょう。その結果、「生きて働く知識」を得ることは難しいのではと思います。

渡部　なるほど。

佐藤　例えば、キャラクタが学習者と一緒になって学んでいくといったアプリがあります。わからなかったところについては励ましてくれたり、アドバイスを出してくれます。さらに、忘れたころに同じような問題を出してくれます。

渡部　「ピア・ラーニング」ですね。ＡＩが活用されていることもあります。

佐藤　ＡＩを活用すれば、キャラクタがその人と同じようなところを間違って一緒に悩んでくれるようなアプリができるかもしれません。また、あえてその人が得意なところを苦手風に装い、アドバイスを求めてくるかもしれません。

渡部　良き「学習パートナー」ですね。

佐藤　まぁ、「学習パートナー」と言えば聞こえはいいかもしれませんね。でも、これも結局アプリの域を出ないと思います。まず、だいたい「コンピュータなんだからこんな問題で悩むな！」って思わないですか？　「本当はわかっているくせにあえて一緒に悩んでいるように動いているだけ」とすぐに気づかれて、おしまいです。

渡部　う〜ん。私はそうは思いません。簡単なシステムのアプリでも、学習者にとっては励みになるのではないかと思いますが。

佐藤　もしかしたら、渡部先生はＡＩが「人間らしく」進化するとお考えなのかもしれませんが、私はそんな未来は絶対来ないと思っています。

渡部　どうしてですか？

佐藤　なぜならば、もうすでにコンピュータは人間の能力より多くの部分で優れているからです。コンピュータは今後、一〇〇％の確率で今以上の優れた能力を持ちますから、あるとき人間のすべての能力を超えたＡＩが誕生することはありうるかもしれません。しかし「人間らしい」つまり「人間と同等の知性を持つこと」はあり得ないと言い切れます。すでに人間の能力を超えたものをわざわざ人間レベルに落とす、例えば優れたＡＩに対し「三桁の掛け算が暗算でできなくする」というバカなことをする必要性がないからです。

渡部　やはりここで問題なのは、「人間らしいとはどういうことか？」ですね。「人間と同等の知性を持つこと」だけが「人間らしい」の基準ではないと思います。

佐藤　そうかもしれませんが……人間の知性をすべて超えるAIができたとすれば、可能性として考えられるのは、そのAIが人間のフリをしてくれてるという場合です。しかし、それはすでに人間の知性とは別の高次の知性が人間の真似をしているというだけで、本質的に「人間らしい」わけではないのです。そして、人間がそれにだまされてAIを「人間らしい」と思うような世界が来るとしたら、それはすなわち「人間がAIに支配された社会」ということでしょう。ただ、幸か不幸か、そんな未来はもうしばらくは来ないだろうと思っています。

渡部　私は、すでにある領域では人間がAIに支配されていると感じています。例えば、自動車を運転して目的地に行くときは完全にナビに頼っています……自分で地図を見たり、人に聞いたりすることはありません。また、私は、ネットショッピングで、AIが勧めてくる商品を結構言われるままに買ってしまいます。もちろん、後で後悔することもありますけれど（笑）。

佐藤　仮に、実験を一緒にしてくれるロボットができたとしましょう。ロボットと実験をして「ロボットと実験をした」という人間はいるでしょうが、「一緒に実験をして、一緒に学んだ」と思う人間はいないでしょう。

現実として可能性があるのは、バーチャルな空間にアバターを用意し、人間かＡＩかと素性を明かさない状況下に置く。そこで人間のフリをするＡＩに、私たち人間が共感することがあるかもしれないということくらいでしょう。ただ、人間のフリをするのは相当困難を極めると思います。

渡部　まさに「ＥＬＩＺＡ（イライザ）」ですね。ご存じとは思いますが、来談者中心療法の心理療法士の役を自然言語処理プログラムとして組み上げています。稚拙なプログラムにもかかわらず、人間の心理療法士だと信じる患者さんが続出して話題になりました。この「ＥＬＩＺＡ」が発表されたのが、一九六六年ですね。

佐藤　そう言えば、そんな話もありました。今回、たまたま学生たちに「ＡＩにできないと思うことは何か」と聞いてみたら、「共感」という声が多かったです。確かに、「Ｓｉｒｉ（ＡＩアシスタント）」に「疲れた」と話しかけると「人間にも機械にも時には充電が必要です。少し休んでください」と励ましてくれますが、どう考えても共感してくれているとは思えない。

渡部　まあ、酔っ払っているときには、結構良い話し相手になってくれますが（笑）。

佐藤　節（２‐２）の中でも書きましたが、教師が「人として共感できる存在である」（一二一頁）という点が、今後の教育には求められるのではないでしょうか。子どもたちが先生を「凄い人」と認めてくれなければ、教育は成り立たない。

渡部　確かに、それはとても大切なことですね。でも例えば、ｅラーニングをしていて、ディスプレイの中にいる先生がＡＩだったなんてことも今後あり得ると思います。インタラクティブな質問機能がついていて、学習者が何でも質問できる。先生は、その質問に即座に答えてくれる。「凄い先生だなあ」と思っていたら実はＡＩだった……なんていうこともありうると思います。

佐藤　人間がＡＩを「人間の先生」と見間違うことなんて、本当にあるのでしょうか？

渡部　私は、将来そんなことも現実になると思っています。その「ＡＩ教師」、正確にはＡＩが組み込まれている「ロボット教師」ですが……背中から1本コードが出ている。このコードがＷｅｂにつながっているわけです。ひょっとすると、ＩＢＭのスーパーコンピュータにつながっているかもしれない。そうするとこの「ロボット教師」は、Ｗｅｂ上にある世界中の情報、いわゆる「ビッグデータ」をスーパーコンピュータが解析して教えたり、質問に答えたりしているというわけです。もちろん、学習者が理解できずに困っている様子やトイレに行きたくてウズウズしてる様子も認識可能です。

佐藤　でも、子どもたちは、その先生を「凄い」「尊敬する」と思えるでしょうか？　たぶん、今の状況で教育にＡＩが入ってくれれば、教育現場はどんどん「人間味」がなくなっていくのは予想できます。

渡部　「ＡＩ教師」に対し、子どもたちが「凄い」「尊敬する」と思ってくれるか？　どうでしょうねぇ？「凄い」「尊敬する」と思ってくれるかどうかはわかりませんが、少なくても子どもたちにとっては、それが「当たり前のこと」になるのではないかと思います。

佐藤　でも、教育現場には「人間味」が絶対に必要だと私は思います。

渡部　それこそ、それを補うのが教師の力量になるでしょう。「ＡＩが教師の職を奪う」という議論もありますが、私は今まで以上に教師の役割は重要になってくると思います。

佐藤　私もそう思います。

渡部　そう言えば、節（２-２）の中に私の拙著『ＡＩに負けない「教育」』を引用していただき感謝しております（一一九頁）。ちょっと補足させて下さい。

これまでの教育では、先生が学習者に対し「問題とその解き方」を教えてきました。しかし、最新のＡＩが学習するのは、「問題とその答え」です。いわゆる「ビッグデータ」の多くは、「問題とその答え」のペアです。ＡＩは、これらのビッグデータを活用して学習し、初めて出会う新たな「問題とその答えＸ」に対して統計的に「Ｘ」を導き出す。確率的に一番正しそうな「Ｘ」を、その問題の答えとして出力するわけです。だからＡＩの場合には、統計的・確率的にみて「だいたい正しい答え」が出せるわけです。

それに対し、人間が「Ｘ」を導き出すとき大切なのは、「どうやってそのＸを導いてきたか」ですね。だから、教育現場でも「解き方そのものを考えさせる」ことが重要であると、私は考えています。

佐藤　なるほど、そうですね。

渡部　何か、佐藤先生と私の対談になってしまいました。三浦先生、水内先生、ごめんなさい。

三浦　いえいえ、とても興味深くお聞きしてました。これまでよりも一層、「教師の役割・仕事の質」が問われていく時代になっていくなあと思いました。子どもたちの多様性を認めて、その能力を伸ばしていく教育が展開されていってほしいと思います。

水内　やはり、ＡＩには決して分からない人の「こころ」を大切にしていきたいですね。

渡部　皆さん、どうもありがとうございました。

文献

橋元良明・久保隅綾・大野志郎（二〇一九）育児とＩＣＴ――乳幼児のスマホ依存、育児中のデジタル機器利用、育児ストレス　東京大学大学院情報学環紀要　情報学研究（調査研究編）第三五号、五三－一〇三頁

水内豊和・渡部信一（二〇一九）対談：障がい児に対する「プログラミング教育」の実践　渡部信一
ＡＩ研究からわかる「プログラミング教育」成功の秘訣　大修館書店、六六－七七頁
渡部信一（二〇一八）ＡＩに負けない「教育」　大修館書店

第3章　ＡＩ時代の「生きる力」を探る

阪田真己子・高橋信雄・渡部信一

3-1　「便利なＡＩ時代」を生き抜く力とは？

阪田真己子

AIが実現した「未来」

筆者が小学生だった一九八〇年代は世紀末まであと二〇年という時期であり、「二一世紀」という「未来」な響きに、なんとも言えないワクワク感を抱いていました。子ども向けの絵本や雑誌では、未来社会を描いたイラストやマンガが誌面を占め、「ドラえもんの世界がいつかやってくるのかも」と半ば非現実的な妄想も抱きつつ、子どもながらに、いつか訪れる「未来」に思いを馳せたものです。「未来」をテーマとした作文や絵画が課題になることもありました。世紀が変わるというタイミングでもあったため、二一世紀の自分に手紙を書いてタイムカプセルに埋める、という企画が全国各地で行われ、筆者も「未来」の自分に向けた手紙を書きました。二〇世紀の子どもたちにとって「未来」は、極めて魅力的なコンテンツだったのです。

さて、ついに二一世紀にはいり、ＡＩをはじめとするテクノロジーは、当時描いていた以上の未来社会を実現したといってもよいでしょう。未来に憧れを抱いていた私たちは、本当に訪れた想像以上の「便利」な社会に感無量です。

では、二一世紀に入って生まれた世代はどうでしょうか。科学技術の発展が、私たちの「生活」に多大なる恩恵をもたらしてくれたことは言うまでもありませんが、生まれたときすでに「便利」だった世代に、この豊かな社会はどう映っているのでしょう。そして、「便利」さは、「教育」にはどんな影響を与えたでしょうか。「教育」にとっても恩恵をもたらしているのでしょうか。本章では、「便利さ」が教育にもたらす影響を踏まえつつ、「便利なＡＩ」時代を生き抜く力とはどのようなものであるかを考えたいと思います。

とても不親切な「昔の教育」

大学に入学して最初に受けた講義の衝撃を、筆者は今でも覚えています。いかにも大学教授然とした風貌の男性が教壇に立ったかと思うと、おもむろにマイクを握り、その後九〇分、ただただ話し続けたのです。たったの一度も板書することもなしに。教授が話す何だかよくわからない話を速記さながらに書き取りながら、「これが、大学の授業なのか……」と、半ば絶望に近い気持ちがこみ上げました。

こうやって、筆者も、周りの受講生も、ただひたすらに授業内容を書き取る日々がしばらく続きましたが、数週間経った頃でしょうか、徐々に、教授の話す言葉を「そのまま書き写す」ことをしなくなりました。話された内容の中で、「重要かも」と思われる内容を選び、それを筆記するようになったのです。絶望的につまらない話だと思っていましたが、「この先生はいったい何を伝えようとしているのか」を必死につかみ取ろうとすると、それまで平坦に聞こえていた話に凹凸感を感じるようになりました。機械的に教授の話を書き取っていた頃はただ手が疲れるだけの作業でしたが、話された内容を自分の頭の中で一旦咀嚼してから要約できるようになると、「ちょっと面白いかも」と思えるようになってきたのです。今にして思えば、このような授業形式こそが、与えられた情報から有用な知識（知恵）を「自らつかみ取る力」を養ってくれたと思っています。

筆者が大学教員になって二〇年近く経ちますが、毎年、新入生向けの講義科目の初回で、この話をするようにしています。大学の講義は、高校までの授業のように唯一の正解を導き出すことを目的としていないので、「ここ、試験に出るよ」「ここは重要だよ」といったような親切な説明はしてくれないし、受験勉強で使う穴埋めノートのように、重要語句があらかじめ示されるようなことはありません。何が重要であるかを自ら判断し、なぜそれが重要であるかを論理的に説明できる必要があります。なぜなら、大学では、解が一つに定まらない問題や、そもそも正解がない問題に取り組み、「私が考える正解」を他人に対して論理的に説明することが要求されるからです。もしかしたら、最初は高校までの学びとの違いに戸惑うかも知れないけれど、九〇分の授業の中から、教員が伝えようとしていることをしっかりつかみ取り、あなた自身のフィルタを通して、あなたの言葉で語れるようにしてほしい、と話しています。

学生のためにならない「親切な教育」

二〇一八年問題をご存じでしょうか。一八歳人口の減少と大学進学者の頭打ちが重なり、大学が淘汰されるという問題のことです。二〇一八年問題は、教育に大いなる影響を与えました。少し詳しく見てみましょう。

団塊世代が子どもを出産する時期である第二次ベビーブームが一九七〇年代に到来しました。まさに筆者（一九七四年生まれ）がその世代に相当し、団塊ジュニア世代と呼ばれています。その団塊ジュニア世代が大学受験を控えた一九九〇年代前半、戦後二度目の一八歳人口のピークを迎え、多くの受験生が夢破れて浪人生となりました。このような一八歳人口の増加と大学進学率の上昇に伴い、一九九一年に大学設置基準が大幅に緩和されました。それまでの様々な大学設置上の規制が緩和されることにより、一気に大学、学部が乱立し、多くの短大も四年制大学に改組されました。

規制緩和によって大学は激増しましたが、団塊ジュニア世代以降、一八歳人口は減少していきます。少子化はずっと以前から問題視されていましたが、大学進学者は増加し続けていたため、一八歳人口が減少しても、大学定員と進学者数の均衡が保たれてきました。しかし、ついにその均衡が崩れてしまうのが二〇一八年だったのです。実際、二〇一八年を待たず、定員を大きく割り込むことによって経営悪化に陥った結果、新入生の募集停止（事実上の破産）を余儀なくされる大学が散見されるようになりました。また、「潰れる大学」「危ない大学」といったショッキングなタイトルの書籍や雑誌も販売されるようになりました。これらのことは、社会の状況から容易に想像できたことであるにも関わらず、実際に募集停止に踏み切った大学名が報道され、「大学が潰れる時代」の到来を目の当たりにしたことは、私たち大学人にとっては大変な衝撃でした。

大学が学生を選ぶ時代から、学生が大学を選ぶ時代に転換したことで、各大学は「選ばれる大学」になるために、生き残りをかけた「競争戦略」の枠組みを次々に導入しました。「面倒見の良い大学」や「就職に強い大学」といったキャッチフレーズは、その象徴といえます。「学生のため」を思ってなされるこれらの流れは、一見、好ましく見えますが、必要以上に学生におもねることは、本来、教育機関であり研究機関でもある大学の存在意義そのものを揺るがしかねないことは想像に難くありません。「学生のため」という謳い文句が、本当に学生のためになっているのかどうか、冷静に見極める必要があります。

現在は「面倒見が良い」ことが理想とされるわけですから、実は、冒頭で述べたように、教員が板書もせず、資料も配布せず、ただただ九〇分喋り続ける授業なんて、もうほとんどないのではないかと思います。筆者も含め、多くの大学の授業では、パワーポイント等のプレゼンファイルを教室の大型プロジェクタに投影し、アニメーションを駆使して受講生の視線を誘導し、映像、音声なども巧みに取り入れることで、学生の関心を惹きつける工夫がなされています。また、スクリーンに投影された画面がハンドアウトとして配布されるので、そもそもノートをとる必要性もなくなりました。せいぜい、配布したハンドアウトに、（ハンドアウトには書かれていない内容を教員が話した際に）メモを取る程度です。授業そのものは、二〇年前に比べるとわかりやすくなった可能性が高いですが、一体どれぐらいの学生が、このような授業形式で、自ら知識をつかみ取ることができているでしょうか。

そもそも、私たちの時代とは「知識」のありようが大きく様変わりしました。例えば、その昔、大きな大学の近隣には「講義ノート屋」なる書店が存在していました。真面目に授業に出席した人のノートを高価格で買い取り、そのコピーを数百円で販売する、というビジネスモデルです。しかし、近年は講義ノート屋の多くが廃業しています。授業資料、とりわけプレゼン資料を配付することが当たり前となったことでノートを取る必要がなくなったからです。

また、以前は、図書館に行って本を借りたり、論文を取り寄せたりしなければ、レポートを書くための情報を収集できませんでしたが、今はＷｅｂでちょっとキーワードを入れて検索すれば、知りたい情報を瞬時に入手できます。最近では、ネットから入手した資料をコピペしてレポートを作成する剽窃行為が横行していることも大学関係者の悩みの種です。

このような背景を踏まえ、近年では、大学の授業形態を根本的に転換するためのしかけとして、アクティブラーニングが授業に組み込まれるようになってきました。中央教育審議会「新たな未来を築くための大学教育の質的転換に向けて（答申）」（二〇一二）によると、アクティブラーニングとは、以下のように定義されています。

教員による一方向的な講義形式の教育とは異なり、学修者の能動的な学修への参加を取り入れた教授・学習法の総称。学修者が能動的に学修することによって、認知的、倫理的、社会的能力、教養、知識、経験を含めた汎用的能力の育成を図る。発見学習、問題解決学習、体験学習、調査学習等が含まれるが、教室内でのグループ・ディスカッション、ディベート、グループ・ワーク等によっても取り入れられる。

今や、アクティブラーニングは実習、演習系科目だけでなく、講義科目にも取り入れられるようになっています。アクティブラーニングを取り入れることで、従来九〇分の講義で提供していた知識が提供しきれなくなる、と心配になるかも知れません。しかし、大量の情報を瞬時に取得できる現在、そもそも教員の役割、大学の授業のあり方、知識提供のあり方も考え直さなければならないといえます。

教育における「不便」の効用

故中島らもさんのエッセイに、三味線の調弦についてのくだりがあります（中島、一九九四）。元々ギター演奏は達者ならもさんですので、友人から譲ってもらった三味線を、ギターを弾くノウハウでイジっているうちに、ある程度独習で弾けるようになります。しかし、三味線の「調子」がどうにも気にくわないのです。いわゆる調弦のことで、三味線は、西洋式のチューニングの概念を使わずに耳だけを頼りに行うため、調弦だけで三年はかかるとされていますが、これについて「合理的な概念を導入しないために起こる弊害以外の何ものでもない」といちゃもんをつけます。また、ギターと違って、三味線は弾いているうちに糸巻きが緩んで調子が狂ってしまうので、弾きながら糸巻きに手をやって調弦する必要があります。これも、らもさんは、「ギターのようにネジ式の糸巻きに変えれば狂わなくなる。それは楽器としての進化であり合理化なのだが、三味線のお師匠さんにそんな提案をすればたちどころに破門になるだろう」と、技術的には可能なはずなのに、それをしない日本の伝統芸道の非合理性を非難します。エッセイを読んだのは大学生の時でしたが、西洋楽器の合理性の対極にある「和楽器の非合理性」に関心が沸きました。らもさんは合理的でないと怒っていましたが、私たちはやはり、三味線を弾きながら巧みに調子を整える腕前を見たいのだと思います。その非合理性を操ることも（あるいは非合理性を操ることこそが）「わざ」だからです。

生田（二〇〇七）は、日本の伝統芸道における伝承の特徴の一つとして「非合理生」を挙げています。一見無駄に思える非効率的、非合理的な方法を経ることによって得られる「内在的な成功感」こそが、学習者の探究心を持続させ、それが「形」ではなく「型」の習得へとつながると言います。前述の三味線の調子もそうですが、ただひたすらに模倣を繰り返す、師匠が細かな指示や評価を与えない、といった日本の伝統芸道の教授方式は、学習者が、自らわざをつかみ取り、内在的な成功感を得るための極めて有効な手段なのです。そう考えると、九〇年代までの、大学教授の自己中な授業は、それはそれで、学生の主体性の育成と探究心の持続に一役買っていたのかも知れません（もちろん、あのような一方的な授業がかならずしも良いとは思っていません）。

三味線が、（技術的には可能であるにも関わらず）調弦に非合理性を残し続けたように、豊かで便利な世の中だからこそ、非合理性に価値を見いだすことがあります。近年、このような非合理性が生み出す利益を説明する概念として、「不便益（benefit of inconvenience）」という言葉が注目されています。不便益とは、富士山を登るのにエレベーターがない方がいいように、誰でもヒットが打てるバットが不要なように、不便だからこそ得られる効用のことを指す概念です（川上、二〇一七）。小学校の授業に日本舞踊や生け花といった日本の伝統芸道を取り入れる試みが散見されるようになったのも、単に日本文化の教授を目的としているのではなく、伝統芸道の非合理性から主体的な学びを導くという不便益を期待しているのです。

筆者がまだ子どもだった約四〇年前、テレビのチャンネルはダイヤルで「合わせにいく」必要がありました。ちょうどきれいに映るところにダイヤルを合わせるのに、ちょっとした力加減が必要でした。そのちょっとした工夫は、自ら体得することでしか得られないスキルでした。また、筆者が思春期の頃は、携帯電話などなく、異性から自宅に電話がかかってくることがありました。あいにく、かかってきた電話にタッチの差で父親が出て「そんな名前の娘はうちにはいません」と電話を切ってしまうこともしばしばで、父親に邪魔されず電話で話すために、入念な作戦を立てなくてはなりませんでした。現在と比較すると、リモコンがないことも、携帯電話がないことも、「不便」ということになりますが、この不便さが「どうすればうまくいくか」を主体的に考えるトレーニングになっていました。言い換えれば、リモコンや携帯電話が開発されて便利になったのと引き換えに、私たちは「何か」を失ってしまっているかも知れません。そう考えると、便利になることで、面倒を見てあげ過ぎることで、学生の何かを奪ってしまうことのないように大学教育のあり方を考える必要があると思います。

「歩かぬ先の杖」の教育現場

読者のみなさんに質問です。大学の授業中に、受講生の一人が堂々とマンガを読んでいたとします。教員は注意するべきだと思いますか。中学校や高校なら、「授業中にマンガを読む生徒」を注意するのは当然でしょう。では、大学の授業ではどうでしょうか。そして、大学生は、この問題にどう答えるでしょうか。ポイントは、他の受講生に明らかに迷惑となる「私語」ではなく、特に他の学生に直接的に迷惑をかけない「マンガを読む」行為であることです。

例年、授業中に、受講生に対してこの質問をしているのですが、実は、筆者の授業を受けている受講生の半数以上（感覚的には七割ぐらいの学生）が、「注意すべきでない」「注意する必要はない」と答えます。正直、この反応には大変驚きました。しかも、年々この傾向は強まっているように思います。

学生に理由を尋ねると、「もう大学生なんだから、自己責任だ」「その学生を注意するために授業を中断すると他の真面目な学生に迷惑がかかる」と答えます。お気づきでしょうか。おそらく「面倒見の良い大学」は、マンガを読む学生も、寝ている学生も、私語をしている学生も注意するでしょう。授業に向かわせることが大学の使命だからです。授業を放棄している学生を放置しては、その責務を果たしていないことになります。しかし当の学生は、自分にとっては「面倒見の良い大学」であることを望みながら、他の学生に対しても面倒見が良い大学であってほしいとは思っていないようです。なんとも自分勝手です。

最近では、どこの大学でもＩＣＴを用いた教務システムがかなり普及しています。出欠管理、予習・復習課題やレポート課題の提出も教務システム（Ｗｅｂ）を通じて行われますし、科目担当者が授業での配付資料を教務システムにアップロードしておけば、学生は授業を休んでも、Ｗｅｂからダウンロードして資料を入手することが可能です。科目担当者と受講生とは教務システムを通じてコンタクトがとれますので、教員側が学生を呼び出す際や、学生が教員に質問をしたい場合などにも活用できます。以前は、もし質問があれば、授業後に直接教員のところに行って質問するか、別途アポイントをとって研究室に訪問する必要がありましたが、教務システムを使用すれば、直接顔を合わせることなく、教員に自由に質問ができるわけです。

このような教務システムと、学生の入試区分、入試成績、入学後の全科目の成績、そして授業への出席状況まですべてを結びつけて、ＩＲ（Institutional Research）に用いる大学も少なくありません。ＩＲとは、学生のデータを分析することにより、学生の修学支援、カリキュラム検討、経営戦略等に生かすことです。ＩＲの結果、さまざまな学生の分析データから、退学者や休学者の行動傾向をモデル化し、早期に退学予備軍や留年予備軍に先回りしてフォローすることで、退学や留年を未然に防ぐ、といったことが可能となります。もちろん、成績不振者を呼び出して「このままだと留年だよ」というような学修指導は今やほとんどの大学で実施していると思いますが、まだ入学して数か月しか経過していない（成績がまだ出ていない）学生の行動データから、その学生の将来を見越して軌道修正してあげるとなると、もはや「転ばぬ先の杖」ではなく「歩かぬ先の杖」といっても良さそうです。

九〇年代、大学が学生を選んでいた時代であれば、このように、大学生活になじめなかったり、学業についていけない学生は淘汰され、休学、退学を余儀なくされたでしょう。学生が大学を選ぶ現代では、大学は生き残りをかけて、あらゆる手を尽くして学生の面倒を見てあげることになります。歩かぬ先の杖は、確かに「面倒見が良い」ですが、本当に学生のためになっているでしょうか。歩かぬ先の杖よりも、学生が自ら社会で生き抜く力を切り拓くことを手助けすることの方が、本当の意味で「面倒見が良い」のではないかと思います。

「便利なAI時代」を生き抜く力とは？

さて、最後に筆者が行った実験をご紹介しましょう。

二人一組で会話をしてもらう、という条件で、実験参加者を募集しました。実験室に呼ばれた二人はくじを引き、印がついたくじを引いた方の人が「最近あった面白い話」をし、もう一人は聞き役になります。実は、二人のうち一人はあらかじめ研究室で用意したサクラで、「印がついたくじ」を引くのは、常にサクラになるように細工をしておきます。つまり、初めて会った人の「最近あった面白い話」を聞いて、人はどんな反応をするか、を調べる実験です。二〇人の実験参加者一人一人に対して、サクラ役が面白い話（実は毎回同じ）をするのですが、その話、大して面白くもないのに、実験に参加した二〇人全員が、声を出して笑います。「社会的笑い social laughter」と呼ばれる行為なのですが、声を出して笑う、というのがポイントです。

おそらく、ロボットが相手だと、声を出して笑うことはないと思います。例えば、一人でテレビを見ていて、声を出して笑ってしまうことは、そうめったにありません。しかし、誰かと一緒にテレビを見ているときは、共に声を上げて笑うことがあるでしょう。それは、一緒にいる相手が「心を持つ存在」であることを知っているからで、自分以外の心を持つ存在と空間を共有することで、感情も共有しようとするのです。ＳＮＳが普及して、リアルな人間関係の構築が苦手だと言われる現代大学生ですが、初対面の人の「大して面白くもない話」にケタケタと笑ってあげる姿には、なんだか救われる気がします。ある意味、無駄かも知れない愛想笑いですが、何より彼らが、生身の人と繋がりたい、という気持ちを持っている証拠だと思うのです。私たち、教育に携わる者は、このように、本来人に備わっているはずの直観力を、テクノロジーの導入によって退化させることのないようにしなくてはなりません。

今後、便利さを追究する技術開発がますます進行し、私たちをより効率的な生活へと、そして無駄と失敗のない「エコ」な生き方へと導いていくことでしょう。無駄と失敗のない「エコ」な生き方は、一見魅力的に思えるかも知れません。しかし、前述の通り、無駄と失敗を経験しなければ、非効率的、非合理的な方法を経ることでしか得られない「内在的な成功感」や「持続的な探究心」が養われることはありません。また、そのような生き方が当たり前になると、無駄と失敗に対する抵抗力が欠如するでしょう。「便利なＡＩ時代」だからこそ、あえて不便な手段を用いることで、無駄と失敗を切り抜ける力を養えるような教育のあり方を考える必要があります。

文献

生田久美子（二〇〇七）「わざ」から知る　新装版　東京大学出版会
川上浩司（二〇一七）不便益という発想――ごめんなさい、もしあなたがちょっとでも行き詰まりを感じているなら、不便をとり入れてみてはどうですか？　インプレス
中島らも（一九九四）こらっ。集英社

3-2　ＡＩ時代の音楽教育と「生きる力」

高橋信雄

ＡＩ時代に育む「生きる力」

本節ではＡＩと「音楽の教育」について論じてみたいと思います。私は、学校で音楽科の授業をした経験はなく、本業の傍ら大学生の課外活動（学生オーケストラ）の指導に三〇年にわたって関わってきました。ですので、本節で念頭に置くのは課外活動になります。音楽は課外活動での取り組みが大変盛んですので、このような切り口からＡＩと音楽教育について検討してみるのも意義があるかと思います。

音楽の課外活動では、教え手の役割は学生が演奏する音楽に対して指導をすることが主になります。しかしながら私は、学生の「生きる力」（置かれた状況と相互作用しながらうまくやっていく力）を高めることも、音楽の課外活動の重要なテーマであると考えています。音楽は、一番大切にしなくてはならない「目的」であると同時に、学生の「生きる力」を伸ばす手段でもあります。音楽を大切にするという価値観を共有し、協力して高い目標を達成しようとする過程で、若い人たちは「生きる力」を伸ばしていきます。

私は、自分自身が関わる音楽活動にＡＩを取り入れることにはどちらかというと消極的ですが、その理由について考察を進めるうち、ＡＩの音楽がどんなに進化しても大切にすべきことが見えてきました。

人類が文明を発展させてきた要因の一つに、「道具の使用」が挙げられます。「道具の使用」により人間は「生きる力」を高め、今日の繁栄を築いてきました。そしてＡＩは、人類がこれまで手にしたことがないほど強力な道具に進化していくと考えられています。二〇一八年三月に亡くなった理論物理学者のスティーヴン・ホーキング博士は、彼の最後の著書『ビッグ・クエスチョン――〈人類の難問〉に答えよう』の中で次のように語っています。

高度に知的な機械など、ＳＦにすぎないと言ってみたくなるけれど、そういう態度は間違いだろうし、もしかすると私たちが犯す最悪の過ちになるかもしれない。

（ホーキング、二〇一八）

ＡＩの進化は急速に、加速度的に進んでいき、その速度は私たちの祖先が何百万年もかけて成し遂げてきた知的進化の速度とは比較になりません。ホーキング博士が著書で語っているように、ＡＩの進化を前もって計画し制御することは、人類共通の避けて通れない課題といえるでしょう。この課題は、文化や教育の分野においても同じく重要だと私は感じています。

ＡＩと音楽の今

これまで、芸術は人間にしかできない領域であると考えられてきました。しかし近年、ＡＩは芸術の世界に確実に参入してきています。美術の世界では、二〇一六年四月、マイクロソフト社、レンブラント博物館などが、バロック絵画の代表的な画家レンブラントのスタイルでＡＩに絵画を描かせることに成功し、人々を驚かせました。

音楽の世界でも、驚くべきことが起きています。これまでコンピュータと人間がアンサンブルをする場合には、人間がコンピュータに徹頭徹尾合わせる必要がありました。しかし、二〇一七年ヤマハ株式会社が公開した人工知能合奏システム「MuEns」（https://research.yamaha.com/ja/technologies/muens/）は、ピアノの自動演奏機能と連動させると、人間と同じようにアンサンブルが可能な「バーチャルピアニスト」が誕生します（図3-

1参照)。演奏するたびに機械学習し、人や状況に「完全にミスなく対応する」機能を向上させていくということです。

図3-1　ヤマハ株式会社　人工知能合奏システム「MuEns」

(注)「MuEns」によるバーチャルピアニストが共演者たちから讃えられている。

(出所) https://research.yamaha.com/ja/technologies/muens/ (2020年1月3日閲覧) より引用

ＡＩは作曲もします。Deep Bach というＡＩが生成した音楽はなかなか見事です (https://www.youtube.com/watch?v=QiBM7-5hA6o)。G. Hadjeres ら (二〇一七) は、ＡＩにバッハ (J.S. Bach) 作曲のコラール (四声部の讃美歌) を機械学習させました。与えられたメロディに対しバッハの様式で他の三声部を生成し、音楽の専門家の耳をも欺きます。Orpheus (http://www.itmedia.co.jp/news/articles/1811/09/news007.html) というシステムは、自動作詞と自動作曲が一度にできてしまいます。その他、すでにビジネスとして展開されているプロジェクトもあります。

道具の導入と「生きる力」

ここでは、便利な道具が筆者の関わる音楽の課外活動で取り入れられてきた事例、また今後取り入れられていく可能性のある事例を検討し、ＡＩ導入が学習者の「生きる力」にどう影響するかについて考察したいと思います。

チューニングメータ

今から四〇年近く前、チューニングメータ（チューニングマシーン、チューナー）が登場しました。チューニングとは、各楽器の音の高さをそろえるため楽器を調整することです。演奏会では最初にオーボエという楽器がラの音を鳴らします。他の楽器はその音を聞きながらラの音を鳴らし、同じ高さになるように楽器を調整します。

チューニングメータが登場する以前、音の高さは聴覚のみで判断していました。チューニングメータは針がふれて目盛りを指し、音の高低を視覚的に表示します。非常に精密でわかりやすく、便利なことこの上ありません。私も若い頃、自分で意識していない音程の癖を知るためによく活用しました。しかし使い方を誤れば、「耳」の鍛錬を怠るというリスクにつながります。オーケストラは、互いの音を聞き合うことで成り立っています。音楽の現場でチューニングメータに頼っていたのでは、演奏になりません。

チューニングメータでの「正しい音程」は、実際の演奏の中では正しくないこともあります。例えば、ドミソの和音のミの音は、チューニングメータの針が真ん中に来ると高すぎます。皆で熱演しているときは、チューニングしたピッチよりも全体に高くなっていることもありえます。合奏している仲間の音程が上ずってくるときには、合わせてあげるときもあるし、逆に少し低い音で演奏して低めに誘導してあげることもあります。状況次第で、求められる音の高さは変わりますので、チューニングメータには頼れません。結局は、耳で周りの音を聴いて瞬時に判断し、その瞬間瞬間で自分の音を作っていけないと、音楽の現場では上手くやっていけません。

例えば、悲しく静かな音楽を心を込めて演奏していたとき、ある学生の音が周囲より上ずって聞こえました。先輩が注意したところ、その学生はチューニングメータを取り出し、自分の音の高さを確認すると言いました。「僕以外の全員が低いんです。」演奏前にチューニングをしたはずですから、確かにオーケストラ全体のピッチが少し下がった可能性はあります。その学生の主張には、一定の理屈が通っています。しかし、皆で作り上げるハーモニーこそがオーケストラの快感であり醍醐味です。周囲と協調するか、もしくは周囲が思わず聞き耳を立て音を寄せてしまうような見事な演奏をするかしないと、仲間の共感は得られません。

電子楽譜

二〇一七年一〇月、株式会社山野楽器は「電子楽譜『ＧＶＩＤＯ』」を発表しました(https://www.yamano-music.co.jp/contents/gvido/)。楽譜が、見開きＡ3版の大きさの二面のディスプレイに表示されます。大量の楽譜をＰＤＦファイルで保存することができ、検索機能も付いていて、手書きでの書き込みもできるとのことです。オーケストラでは、バイオリン奏者は二人一組で一つの楽譜を見ながら演奏しています。バイオリンはほとんど休みなく演奏しなければならないことが多く、しばしば譜めくりのために二人のどちらかが演奏をやめ、楽譜のページをめくらなければなりません。慌てると、譜面台から楽譜を落としたり、二枚めくってしまったり、めくったページが製本の都合で戻ってしまったりということがあります。この電子楽譜は譜めくりの操作が非常に簡単で確実なので、楽譜にかかわる事故を減らすことができ、演奏者が楽器の演奏に集中することを可能にしてくれます。これは大きなメリットだと思います。

現段階ではこの電子楽譜はＡＩではありませんが、将来的にはＡＩが演奏の音声を認識し、楽譜と照らし合わせて進行状況を判断し、適切なところで自動的に譜めくり、つまり画面の切り替えをするようなシステムが普及するかもしれません。

このような便利なツールが導入されることには、実は懸念もあります。一六人編成の第一バイオリンで一斉に譜めくりが行われた場合、譜めくりの何秒間かは演奏している人が八人に半減します。ゆえにそれを避けるため、よく他のペアの様子を見ながら時間をずらして譜めくりをします。これは良い演奏を作り上げるための共同作業の一環で、譜めくりはそのごく初歩的なものです。それが不要になるということは、状況の中で上手くやっていくための「学びの機会」が減ることを意味します。

新しいツールが導入されると、その便利さの恩恵にあずかるメリットはありますが、そのツールとの向き合い方、活用の仕方が問題となります。その活動において、根幹となる重要な感覚が疎かになったり、臨機応変にやっていく力を獲得できなくなったりするようでは、そのツールの導入は失敗でしょう。

ＡＩ先生？

音楽のレッスンにもＡＩが参入してきています。NTTdocomo と島村楽器は二〇一八年一〇月、「ＡＩピアノコーチ」のサービス提供を開始しました。スマートフォンやタブレットでアプリケーションをダウンロードすると、その携帯端末がピアノ演奏を認識し、練習のステップを組み立て、アドバイスしてくれます。

このようなシステムが進化すれば、演奏上の欠点を明確化し、効率よく克服するのに役立つでしょう。練習のやり方が拙いと、奏法に悪い癖がついてしまうことがあります。そして練習するたびにその悪い癖は強化され、後々その癖が上達の妨げになってしまいます。こうしたシステムにより技術的な問題点が的確に指摘され、合理的な練習方法が呈示されれば、学習者にとって非常に有効な支援となります。また、人間の「教え手」と違い、ＡＩは学習者が望めばいつでも指導してくれます。忙しい学習者には大変便利です。また疲れたり飽きたりしませんので、学習者の時間が許す限り、納得のいくまで練習に付き合ってくれます。

この先進的な試みは、残念ながら二〇一九年五月三一日をもってサービス終了となっていますが、人がＡＩを活用し練習を進める時代がそこまで迫っていることを予感させます。

しかしながら、ここで練習の意義について少し視野を広げて検討してみたいと思います。

生田（二〇〇七）は、日本の伝統的芸道の稽古を観察し、稽古とはその芸道に固有の「型」を習得すること、つまり、その芸道の技術・技能の意味が、生活の中で自然に自分のものとして現れる状態になることが究極目標であると考察しました。例えば、日本舞踊では「形」、つまりその芸道に固有の技術や技能を、模倣によって習得することが重視されます。ですがその究極の目標が達成されているか否かは、「型」つまり「生活における人としての生き方」が大きく関係しているというのです。

二〇一七年、この本の編著者である渡部の『教育現場の「コンピテンシー評価」――「見えない能力」の評価を考える』が刊行されました。「コンピテンシー」とは、「見えない能力」などとも訳される能力で、「パフォーマンス（外に現れて観察できるもの）」と対になる概念です。その第7章「『コンピテンシー評価』に対する違和感」で、渡部は次のように述べています。

例えば神楽の師匠は、評価に対し「だいたいでよい」と発言していることは非常に興味深い。この時師匠は、具体的に「何々を学んだ」とか「何々ができるようになった」と表現できるようなものを対象とはしていない。この時評価の中心にあるのは、その伝統芸能が本質的にもっている「世界観」や「価値観」に対して、学習者自身が

「どれだけ馴染めるようになったか」ということなのである。

日本舞踊の師匠も神楽の師匠も、学習者が見せる技術・技能だけを評価しているのではありません。練習や稽古において技術・技能は大切ですが、学習者がそれらの習得を通じて「コンピテンシー」「見えない能力」をどの程度身につけているかも極めて重要です。

音楽の課外活動に話を戻しますと、先生や先輩、仲間と交流し、所属する団体が培ってきた価値観やモノの感じ方・考え方などに触れ、馴染んでいくことも大切な練習です。それが無いままに一人で自分のパフォーマンスだけを磨いても、その環境の中で上手くやっていけるとは限りません。便利な道具を活用し効率よく個人練習を進める一方で、他者と相互作用し「見えない能力」を伸ばしていく練習の大切さも忘れないでいたいものです。

学習者の「困惑」は悪いこと？

ここまで、便利な道具の導入が必ずしも「生きる力」の涵養にそのまま役立つとは限らないことを述べました。このことは、便利な道具が使い手の不便や失敗を減らすこと、言いかえれば「困惑」を避けることを目的に作られていることと関係があるのではないでしょうか。

前掲書『教育現場の「コンピテンシー評価」』の第5章「音楽の師弟関係におけるコンピテンシー評価」で、私は師匠からつけていただいた稽古場面について考察しました（高橋、二〇一七）。要約すると次のような内容になります。

音楽の稽古の場面を観察すると、教え手が学習者に与える指摘には、「わかりやすい指摘」と「困惑する指摘」がある。「わかりやすい指摘」とは、学習者がパフォーマンスのどこをどう直せばよいのかが具体的に示される指摘で、「最初の音はもっと静かに」などという指摘がそれに当たる。「困惑する指摘」とは、何をどう直してよいのかが具体的にわかりにくい指摘で、「考えているうちはダメだ」のような指摘である。コンピテンシーが未熟な学習者は、教え手と評価の枠組みを共有していないので、「困惑する指摘」の意味、それが与えられた理由がわからないことがある。「困惑する指摘」が与えられると、学習者はこれまでのものの見方や考え方、価値観が通用しないことを認めざるを得なくなり、自己省察に導かれたり、教え手や先輩のものの感じ方・考え方を観察したりするようになり、コンピテンシーの変容が促される。

学習者にとっては困惑することも大切で、それも言ってみれば練習です。「どうしてうまくいかないのだろう？」と自分の奏法や音楽への姿勢、モノの感じ方・考え方を見つめ直すのは尊い経験です。試行錯誤し困惑する過程では、コンピテンシーが鍛えられます。時間はかかるかもしれませんが、悩んだ末に新たな気づきがあれば、その学習者はより大きな学びを得たことになります。

例えば先ほどのバーチャルピアニストは、人の演奏に「完全にミスなく」対応するので、人を困惑させることはないかもしれません。しかし、実際のアンサンブルでは、自分も相手も個性を持ち、それらを呈示し合い、受け止め合います。また、特に未熟な学習者は個々に癖を持っていますし、ミスを犯すこともあります。そうしたことが原因となって、演奏が止まってしまうこともしばしばです。ですがこうした苦い経験に困惑し、自分の演奏や練習法を顧みることで、学習者はアンサンブル力を高め、他者と折り合いをつけて一緒にやっていく力を身に付けていきます。真の意味でＡＩが練習で役に立つためには、人と同じようにミスをしたり、戸惑ったり、時に頑固で融通がきかない演奏をしたりというように、「完全にミスなく対応する」のとは逆の方向性をも模索することが求められるのではないでしょうか。

「生きる力」をもたらす音楽体験

先に概観したように、ＡＩの作曲は可能な領域から実用化され、近い将来には誰でもＡＩシステムを利用して新しい音楽を作ることができるようになっていくと予想されます。ＡＩはたくさんの音楽を電子ファイルとして出力、保存し、多くの選択肢の中から利用者が用途や好みに合うもののみをダウンロードし保存していくでしょう。そうなると、ＡＩが出力する電子ファイルの中に不必要なものが出てくることは避けられません。利用者に選ばれなかったり、使用されなくなったりしたファイルは、「ゴミ箱」に捨てられたり、消去されたりするでしょう。それを躊躇すれば、不要な大量のファイルがコンピュータの中で一定の記憶容量を占有し続けることになります。利便性が増し選択肢が増える一方で、一つひとつの音楽データは重みを失っていきます。こうしたことは作曲の領域に限りません。Ｗｅｂ上にアップされた音声や動画のファイルは多種多様で、いつでもどこでも気軽に閲覧できます。再生も停止も思いのままで、次々に聞き飛ばしていくこともできます。

私は、ＡＩの音楽データがそのように扱われるうちに、私たちが音楽との貴重な出会いを逃してしまうのではないか、と危惧しています。あまりにも選択肢が増え一つひとつの重みがなくなっていくと、自分自身の確固たる価値体系や音楽に対する高い見識を備えている人でないと千載一遇の出会いをとらえることは困難です。本当はその音楽と真摯に向き合うことで「生きる力」、人生の苦難に立ち向かう力を得ることができたかもしれないのに、出会いの価値に気づけずチャンスを逃してしまいます。

二〇一二年、『ウィーン・フィルとともに――ワルター・バリリ回想録』（音楽之友社。原題 *Ein Philharmoniker einmal anders.*）が発刊されました。著者のバリリ氏は、わが国でもニューイヤー・コンサートでおなじみのウィーン・フィルハーモニー管弦楽団の名コンサートマスターでした。この本は、名門オーケストラの舞台裏を覗いてみたいというファンの希望を叶えるだけでなく、戦争の生々しい証言記録でもあります。特に、ナチスドイツ統治下のウィーンに旧ソ連軍が侵攻し占領するまで（ウィーン市街戦）の記録は、言語を絶する凄まじさです。この本によると、連日の空爆のさなか楽員たちは演奏会を開いていました。聴衆の中には、破壊された建物のがれきを越え、生き抜く心の糧を求めてコンサートホールへ向かった人も大勢いたでしょう。もちろん戦争はあってはならないものですが、その極限状態で得た音楽体験の重みは計り知れないものだったことと思います。

エジソンの発明によって、音楽を記録として残すことができるようになりました。磁気テープやアナログレコードが普及し、その後技術の進歩によりメディアはデジタル化され、音楽はデータとして扱われるようになりました。音楽体験の可能性は広がり、選択肢は増えていますが、「生きる力」をもたらすような奥深い音楽体験はそれに比例して豊かになっているでしょうか。

かく言う私も同様です。子どもの頃は、母からクリスマスプレゼントとしてもらったLPレコードをそれこそ擦り切れるまで何度も何度も聞きました。しかし数年前に購入した激安CDボックスセットには、一度も再生したことがないディスクが多数眠っています。こうした問題は、本当に難しいと思います。

「生きる力」をもたらす音楽活動

AIは、可能なジャンルや領域から徐々に音楽に浸透し、その守備範囲を広げ、高機能化していくと考えられます。仮に、AIが人と全く見分けがつかない機能、外見を備えるようになる時が来たらどうでしょう？　AIと人間とを区別する根拠も意味も、危うくなっていくかもしれません。

しかしAIの機能がどれ程優れようとも、人が音楽を自分で演奏したい、自分で作曲し他の人と心を分かち合いたい、というような欲求は消滅しないでしょう。寒い冬でも、若者は誰かに共感してほしくて、ギターを抱いて夜のアーケードで歌っています。優れた演奏が優秀な録音で記録されていても、たくさんの若い人が音楽の課外活動に熱心に取り組んでいます。そして、より良い演奏を求めたりより優れた作品を作ろうと努力したりする過程で人は成長し、これからの人生を生きる力を得ます。

また、AIのレッスンがどれ程便利で優秀だったとしても、人を指導したい、子どもたちと音楽を学びたいという人はなくならないでしょう。人は人を教えることで自分も学びます。また人は教えるという行為によって、幸福感や充実感を得ることができます。

AIが進化すると、優れた音楽や演奏を出力するでしょう。しかしそこで大切なのは、人が音楽と創造的にかかわる場を確保することではないでしょうか。AIのメリットは十分に享受すべきですが、人の成長の機会や喜びの経験が制限されては困ります。志ある人は音楽を自ら作り出す経験、自ら演奏する経験、若い人に教える体験を味わってほしい、と私は願います。学生なら、音を追求する過程で仲間とぶつかり合い、好みや主義主張の違いを乗り越え互いを認め合い、成長してほしい。時には酒を酌み交わし（二〇歳未満厳禁です）、理想の音楽を熱く語り、友情を育んでほしいと願います。それに、強烈な感動の体験は、人の生きる糧になります。私にも、人生を変えるような感動の瞬間がありました。ジャンルを問わず、音楽活動には人を生かす力があります。

人間には、練習や修練が必要です。たとえＡＩの方が高い水準のパフォーマンスが可能だったとしても、また経済性や効率性に優れていても、学習者に場を与え、練習し上達していくプロセスを尊重し、その努力する姿を温かく見守る姿勢が大切なのではないでしょうか。そこで鍵となるのは、月並みではありますが、人や音楽を尊重する気持ちだと私は考えます。人同士の温かい関係性の上に音楽活動が展開され、そうした活動の中にＡＩを上手く収める、そのようなＡＩとの付き合い方ができれば良いのだと思います。

文献

Barylli, W. (2006) *Ein Philharmoniker einmal anders*. Verlag, A. Barylli. 岡本和子（訳）（二〇一二）ウィーン・フィルとともに――ワルター・バリリ回想録　音楽之友社

Hadjeres, G., & Pachet, F. (2017) DeepBach: A steerable model for Bach chorales generation. Proceedings of the 34th International Conference on Machine Learning, *PMLR*, **70**, 1362-1371.

Hawking, S. (2018) *Brief answers to the big questions*. John Murray Publishers Ltd. 青木薫（訳）（二〇一九）ビッグ・クエスチョン――〈人類の難問〉に答えよう　ＮＨＫ出版

生田久美子（二〇〇七）「わざ」から知る　新装版　東京大学出版会

中野拓帆・深山覚・嵯峨山茂樹（二〇一〇）自動作曲システム Orpheus とその著作権性 *IPSJ SIG Technical Perort*, Vol. 2010-EIP-47 No. 12

松下佳代（二〇一〇）学びの評価　佐伯胖（監修）渡部信一（編）「学び」の認知科学事典　大修館書店
高橋信雄（二〇一七）第5章 音楽の師弟関係におけるコンピテンシー評価　渡部信一（編著）教育現場の「コンピテンシー評価」――「見えない能力」の評価を考える　ナカニシヤ出版、一〇一―一二〇頁
渡部信一（編著）（二〇一七）教育現場の「コンピテンシー評価」――「見えない能力」の評価を考える　ナカニシヤ出版

●ディスカッション●

AI時代の「生きる力」をどのように育成するか？

阪田真己子×高橋信雄×渡部信一

とても便利な「テクノロジー社会」

渡部　阪田先生、高橋先生、お二人の節を読ませていただき、つくづく実感するのは「世の中、本当に便利になったなあ」ということです。阪田先生のお話の中で特に印象的だったのは、ＩＲ（Institutional Research）が教育現場に浸透してきたということです（一八四頁）。学生の入試区分、入試成績、入学後の全科目の成績、そして授業への出席状況まですべて調べて「データベース」を作る。この「データベース」を分析することにより、学生の修学支援、カリキュラムの検討、経営戦略等に生かす……これがＩＲですね。

阪田　はい。このＩＲの結果、さまざまな学生の分析データから退学者や休学者の行動傾向をモデル化し、早期に退学予備軍や留年予備軍に先回りしてフォローすることで、退学や留年を未然に防ぐ、といったことが可能となります。

渡部　成績不振者を呼び出して、「このままだと留年ですよ」とアドバイスをしたりするわけですね。学生にとっては、「至れり尽くせり」ですね。

阪田　しかし、まだ入学して数か月しか経過していない学生の行動データから、その学生の将来を見越して軌道修正してあげるというのはちょっとですね……成績がまだ出ていないのに「このままだと単位は取れませんよ」と言うのですから。

渡部　それを称して阪田先生は、もはや「転ばぬ先の杖」ではなく「歩かぬ先の杖」と言ってますね（一八五頁）。

阪田　歩く前から「杖をどうぞ」なんて言われたら、「余計なお世話だよ」と言いたくなってしまいます。

渡部　同様に高橋先生の章では、ＡＩによるピアニストやＡＩ作曲家ということが現実味を帯びてきたという話を紹介していただきました（一九〇頁）。今やＡＩが、ピアノのレッスンで指導もしてくれるのですね。

高橋　はい、その通りです。でも私は、テクノロジーは必ずしも教育効果につながるわけではないと考えています。音楽教育ではもちろんですが、一般の教育現場でもテクノロジー導入が必ず効果があるという話には懐疑的です。

渡部　しかし、学会や研究会に参加すると「テクノロジーを上手に活用した結果、学習成果があがった」という話がほとんどです。

高橋　確かに、「テストの成績が上がったのだから、テクノロジー活用は成功した」と判断されるでしょうね。

渡部　しかし、テストの成績は上がったのは確かだけれど、はたして「主体的に学ぶ力」や「自ら問題を解決する力」が向上したかと考えれば「わからない」と答えるしかないということですね。

高橋　まさに、その通りです。

渡部　これまで何度もいろいろなところで言ったり書いたりしてきたことですが、「近代教育」における基本的な考え方はテクノロジー活用ととても相性が良いのだと思います。テクノロジーを活用すれば、「きちんとした知識を一つひとつ確実に効率的に学習することができる」のですから……これは、高度経済成長期の社会とも相性が良かった（渡部、二〇〇五）。

高橋　「高度経済成長期」って、もう昔のことですね。

渡部　はい。もう今は、経済のことだけを考えていれば良いという時代ではなくなりました。

阪田　そう考えると、「教育」も大きな転換期に来ているということですね。

「便利」だけでは育成できない「生きる力」

渡部　大変興味深いことに、阪田先生、高橋先生ともに「生きる力」の育成を考えるとき、「不便・不親切」という概念をあげておられます（二七九頁、一九八頁）。お二人とも「あまり便利すぎると生きる力は育成できない」というお考えをお持ちという点でも一致しています。これは、とても面白い！

阪田　そうですね。大学に入るまでの授業では唯一の正解を導き出すことを目的としているので、「ここ、試験に出るよ」とか「ここは重要だよ」といったように親切な説明があります。これは子どもたちにとっては、便利すぎる！

渡部　受験勉強で使う穴埋めノートなども、至れり尽くせりですね。

阪田　大学教育も、最近は「至れり尽くせり」です……二〇一八年問題がありますから。急速な少子化で、大学が潰れる時代です。

高橋　本当に最近は、「潰れる大学」とか「危ない大学」といったショッキングなタイトルの書籍や雑誌をよく目にします。それに、「面倒見の良い大学」とか「就職に強い大学」といったキャッチフレーズをよく目にする。最近では、大学の授業もしっかりシラバスを書いて、プレゼン資料を作って、きっちり行なってます。

阪田　確かに、授業そのものは昔に比べると学生の理解しやすいものになっていると思います。でも、はたしてこのような授業形式で、本当に学生は自ら知識をつかみ取ることができているのか、私は疑問に思っています。

渡部　そうですね。学生の周りにはテクノロジーがあふれてますから、レポート課題を出してもＷｅｂでちょこっと調べて提出してきます。ひどい時には、ネットから入手した資料をコピペして提出してくる。昔は、結構苦労してレポート書いてましたが。

阪田　昔は、図書館に行って本を借りたり、論文を取り寄せたりしなければ、レポートを書くための情報を収集できませんでした。でも、そうやってレポートを書くことが学生にとっては大きな力になる。

高橋　全く同感です。私も節（３－２）の中で書かせていただきましたが（一九二頁）、楽器を調整するとき最近は多くの人が「チューニングメータ」を使います。非常に精密で扱うのも簡単ですから、とても便利です。しかし、これには「耳」の鍛錬を怠るというリスクがあります。オーケストラは、互いの音を聞き合うことで成り立っていますから。

渡部　高橋先生の節を読ませていただき驚いたのは、チューニングメータの「正しい音程」が実際の演奏の中では正しくないこともあるということです（一九三頁）。オーケストラの皆で熱演しているときには、チューニングしたピッチよりも全体に高くなっていることがあるのですね。

高橋　その通りです。演奏中はチューニングで確認した「正しい音程」を守ることよりも、その時々にみんなで作り上げているハーモニーをとらえ、響きに参加することが大切です。そのためには、耳の鍛錬が不可欠ですね。

渡部　「チューニングメータ」だけを信じていると、その辺の感覚が鈍ってくるわけですね。まさに「チューニングメータ」はとても便利なテクノロジーだけれど、オーケストラという人間がみんなで奏でる音楽にとっては「演奏者の能力を奪いかねない」というわけですね。

高橋　はい。各々の演奏者にとって、「聞く」能力は最も大切です。仲間の音が聞けずに身勝手な演奏をする人は共感が得られませんし、オーケストラのメンバーとしては生きていけません。

渡部　たとえそれが「正しい音程」であっても、ですね。

「不便・不親切」が「生きる力」を育む

渡部　阪田先生が紹介してくださった「不便益」っていう概念が大切だと思います。「不便だからこそ得られる効用」ですね。問題なのは、この「不便益」をどのように「教育現場」に取り込むかですね。

高橋　確かに、「不便」を「学びを誘発する仕掛け」と考えるならば、具体的にどのようように教育に取り込むかが問題です。

阪田　昔の教授のように、一方的にしゃべるだけの「不親切な授業」が良いとも思えないのですが……

渡部　「生きる力」の育成を考えるとき「不便・不親切」という概念をあげて検討しているという点でお二人の考えは一致していましたが、「不便」を検討するのにお二人とも「日本の伝統芸道」を例としてあげておられることにもびっくりしました。

阪田　確かに、面白いですね。私は、伝統芸能のお稽古にみられるような一見無駄に思える非効率的、非合理的な方法が学習者の探究心を持続させると考えています。そして、そのようなお稽古のなかで得られる「内在的な成功感」こそが「生きる力」につながってゆくのだと思います。

渡部　なるほど。私も日本の伝統芸能には興味を持っていて、研究対象の一つとしてきました（渡部、二〇〇七）。例えば、神楽のお稽古で師匠はしばしば「俺のことをよく見て真似ろ」と言います。師匠はあえて細かな指示や評価はせずに、ただ「俺のわざを盗め」と言います。バレエなどの西洋舞踊のレッスンが一つひとつ細かな指導を基にして一歩一歩レベルを上げてゆくことを考えると、伝統芸能のお稽古はとても「不親切」に感じます。

阪田　でも、そのようなやり方が、学習者の主体性の育成と探究心の持続に一役買っているのかも知れません。まさに「不便だからこそ得られる効用」ですね。最近、小学校の授業に日本舞踊や生け花といった日本の伝統芸道を取り入れる試みが見られるようになりました。これも単に日本文化の教授を目的としているのではなく、伝統芸道の非合理性から「主体的な学び」を導くという不便益を期待しているのかもしれません。

高橋　そう考えると、現在の「親切すぎる授業」は学生の「生きる力」を奪い取ってしまうことになるかもしれませんね。

渡部　それに、今の若い人たちはお酒もあまり飲まないし、恋愛もしない。まさに、お酒や恋愛って「不便益」だと思います。酔っ払うと不祥事を起こす可能性が増すし、二日酔いはつらい（笑）。恋愛も、めんどくさいことだらけです（笑）。

阪田　でも、それにチャレンジすれば、仲良くなったりコミュニケーションの能力を高めることができます。

高橋　一見無駄な時間の使い方に見えても、そういうのが「人生の肥やし」になる。他者とのコミュニケーションなんて非効率の塊ですが、それでも「生きる力」の育成という視点に立つと最も有効なのかもしれません。

渡部　結局キーワードとしてあげれば、「不便」「無駄」「非効率」……これが、これからの教育には大切になってくる。さらに言えば、「あいまい」とか「よいかげん」も大切ですね。

高橋　渡部先生はだいぶ前から「よいかげんな知」とか、「しみこみ型の学び」の重要性を提唱されていますね。

渡部　はい。「近代教育」があまりにも「きちんとした知を一つひとつ確実に教えてゆく」という方法に偏っていることに対して、私は昔から違和感を持っていました。学習者に「主体的な学び」をもたらしたり「独創的な考え方」を生み出す能力を育成するためには、「あいまい」とか「よいかげん」という感覚が重要になってくる。

阪田　最新のＡＩ開発ですら「だいたい正しければ良い」という前提で進んでいることを、渡部先生は書いておられますね（渡部、二〇一八）。

高橋　いずれにせよ学生を管理しすぎるんですよ、最近は。管理しておきながら、「答えのない問いに答えろ」なんて、これって矛盾してませんか？

渡部　確かに「正解のない問いに答える」ためには、「だいたい正しければ良い」という前提が重要になってくると思います。

「記号化」された「便利な社会」

渡部　なんか最近、自分の音楽の楽しみが一つ減ってしまったように感じています。

阪田　どういうことですか？

渡部　以前は、音楽の楽しみには、レコードという「モノ」が伴っていました。

高橋　「LPレコード」ですね。「シングル盤」なんていう小さいのもあった。

渡部　そうですね。ラジオやテレビで好きな音楽に出会うと、私はすぐにレコード屋さんに走りました。そして、お目当てのレコードを手にした瞬間は本当にわくわく幸せな気持ちでした。

高橋　私は、今でも時々レコードを聞いています。小学生の時に買ってもらったレコードも現役です。今でも「ジャケット」を取り出すだけで、当時のわくわくした気持ち、手に入ったときのうれしさなどを思い出します。それにレコードのジャケットはＣＤよりも大きいので、デザインの素敵さが際立ちますね。

渡部　そう言えば昔、ジャケットが気に入っただけで音楽を聴かずにレコードを買ってしまう「ジャケ買い」が流行したことがありました。

高橋　試聴が簡単にできなかったという理由もあります。

渡部　ところが今は、ネットで視聴し、気に入れば即ネットで購入できます。まさに、聴覚のみを使った行為です。

阪田　まあ、若い人たちにとっては「レコードを買いに行く」という煩わしさ無しに音楽が手に入るわけで、その方が「エコ」なのだと思います。

渡部　確かにそうですね。今は「レコードを買いに行く」という煩わしさはないし、好きな音楽を聴くのに触覚や嗅覚の情報はいらないということなのでしょうね。それに、ネットでの購入なら他の人に会うこともなくサクッと買える。

阪田　でも一方で、今の若者って「人とつながりたい」っていう気持ちも結構強いのです。

渡部　阪田先生が節（３－１）の中で紹介してくださった「実験」ですね（一八五頁）。

阪田　はい。初めて会った人の「最近あった面白い話」を聞いて、人間はどんな反応をするか？「面白い話」は実際にはあまり面白くないのですが、ほとんどの実験参加者は声を出して笑う……「社会的笑い」と呼ばれている行為に関する実験です。

渡部　今の若者は「人間とつながりたい」という気持ちが強いからこそ、「SNS」が流行っているのでしょうね。でも、「リアルでつながるのはめんどくさいし、しんどい」と感じている。それでサクッとコミュニケーションをとることが可能な「SNS」を使う……面白いですね。

高橋　「SNS」でも特に、絵文字とか「インスタ映え」する写真を多く使っています。

渡部　文字で表現すると「リアル」になってしまうのでしょう。それを嫌って、絵文字や「インスタ映え」する写真を多く使う……なるほど。

阪田　だから学生は、私が送った文字ばかりのメールを見て「先生のメール、怖い」と言います（笑）。絵文字やスタンプ、インスタ映えする画像で、直感的なやりとりをすることに慣れている。文字のやりとりにしても、せいぜい「Twitter」の制限文字数一四〇文字まで。

高橋　そりゃ、「言葉」を読む力も書く力も身に付かないわけですね。

阪田　レポート書かせても一文一文改行してあって、「これは Twitter か！」と突っ込みたくなることも少なくありません（笑）。

渡部　私は、世の中が「便利になった」一つの側面として、私たちを取り巻く環境が「記号化されたから」だと考えています。逆に言えば、「記号」以外の情報はすべてカットされている。

阪田　なるほど、記号以外の「リアルな情報」はすべてカットされている。若者にとって「めんどくさいもの」「煩わしいもの」に時間を費やすのは心身ともにストレスなので、それを代替してくれる便利なツールに頼ってしまう。そして、ますます記号化された便利な情報のみを扱う、というスパイラルに入り込んでいくのですね。

高橋　記号以外の「リアルな情報」を読み取るには、想像力とか洞察力とか「生きる力」が必要になりますね。

渡部　まさに、その通りです！

阪田　友人同士の学生に「あなたたち、何がきっかけで友だちになったの？」と聞くと、一〇年前なら「入学式で隣同士になって」とか「〇〇の授業で一緒だったから」といったような答えが多かったのですが、最近は「Twitter で」というのが増えました。入学する前から、ＳＮＳ上でもう「友だち」になっていて、入学してから実物の本人に会い、「あ、あなたが〇〇さんね」というのが最近の「友だち」づくりの順序らしいです。

渡部　まさに、「友だち作りもテクノロジーで」ですね……時代ですねぇ。

阪田　昔みたいに入学式で隣の子に声をかけるのは勇気が必要だし、けんかをしてしまった友だちとの関係を修復するのも大変です。しかし、ＳＮＳ上だと「つながる」のも簡単、「切る」のも簡単にできちゃいます。

高橋　でも、いったい「友だち」ってなんでしょうね……。

渡部　友だちまで「記号化」されちゃっている。

とても便利な「AI時代」を生き抜くために

渡部　「生きる力」を育むために、阪田先生は「無駄と失敗を経験させるような教育」を模索されている（一七九頁）。しかし問題なのは、これからの時代、本当にそのような教育が可能かと言うことです。

阪田　簡単なことではないと思います。

渡部　これまで開発されてきたテクノロジーは、一貫して「便利」を目標としてきました。まあ、ある意味で当然なのですが。

高橋　でも、今更テクノロジーが発展していなかった「不便な昔」に戻るというのも……。

渡部　たぶん、それは不可能でしょう。「便利なＡＩ時代」にあえて「不便な生活」や「不便な教育」を行うことができるのか、私はかなり困難だと思うのですが……。

高橋　一方で、「不便」が「学び」のきっかけになるということも事実ですね。

渡部　しかし、いくら何でも「生きる力を身につけるために、一〇万円持って世界一周してこい」なんていう話にはならないでしょう（笑）。やっぱり、どうやって教育の中に「不便・不親切」を取り入れるかが難しい。

阪田　確かに「一〇万円持って世界一周」は、子を持つ母としては心配ですが。でも、「不便」を取り入れる工夫は必要だと思います。例えば、禅の修行で料理担当に任命されると、それまで自炊すらしたことがない人でも大量のお米をお釜で洗って、薪でご飯を炊かないといけないそうです。修行僧のほとんどは焦げるのが怖くて早めに火から下ろしてしまい、生煮えご飯になってしまう[1]。

高橋　わかります。当然そうなるでしょう。

阪田　すると、ひどく怒られます。今度は、少し長めに炊いてみます。焦げて怒られます。しかし、センスのいい人で二週間ぐらい、どんなにどんくさい人でも一か月もすれば、おいしいご飯が炊けるようになるそうです。

渡部　「炊飯マニュアル」みたいなものがあれば、便利なんでしょうね。でも、それでは「ご飯を炊く能力」は育成されないわけです。

阪田　だから、修行の目的は「上手にごはんが炊けること」ではない。試行錯誤しながら

「自分で答えを見つけていくこと」こそが大切なのであり、禅ではこのような考え方を「冷暖自知」というのだそうです。水が冷たいか暖かいかは自分で手を入れてこそわかる、という意味です。他人が生み出した知恵や情報を容易に取得できる世の中にあって、「自らが手を入れて水が冷たいか暖かいかを知る姿勢」を持たせるような教育のあり方を考えたいと思います。

渡部　なるほど、それはとてもよくわかります。だから問題なのは、これからの「便利なＡＩ社会」のなかでそれが本当にできるかですね……ご飯炊くときには「ＡＩ内蔵の炊飯器」を使っちゃうし、学校で「禅の修行します」とも言えない。

阪田　便利なＡＩ社会では「ご飯の炊き方を教える」のではなく、どうやったら「おいしいご飯」が炊けるのかを考えさせることが重要だと思います。スマホで調べれば「ご飯の炊き方」がすぐにわかる時代に、「ご飯の炊き方を教える、覚えさせる」ことに意味はないですから。

渡部　「おいしいご飯」を炊くためには、何が必要なんでしょう？　試行錯誤する能力？

阪田　そうですね。「ご飯を炊くとき」もそうですけど、「音楽を奏でるとき」や「困難に遭遇したとき」も同じだと思いますが……それぞれの状況に応じた「よいかげんな解答」じゃないでしょうか？

渡部　「よいかげんな解答」ですか？　昔、お母さんがご飯を炊いたり料理をするときにはかなり適当に……目分量だったり、適当にだったり、かなり「よいかげん」に料理していた。それでも、ご飯は「よいかげんに」炊けていた。

高橋　そう言えば、渡部先生は「よいかげん」をテーマにして本を出してますよね（渡部、二〇一二）。

阪田　そう、その「よいかげん」ですね。そして、それができるのは「私のフレーム」をきちんと持っているからだと思うのです。これも渡部先生が本の中で書いていますが（渡部、二〇一八）。

高橋　「自分は何をすべきか」「どの方向に進むべきか」といった「自分のフレーム」、「自分の枠組み」ですね。これは人それぞれで異なっていると渡部先生は書いてますね。

渡部　はい。「フレーム」は、その人の生い立ち、経験、考え方、価値観、文化、宗教……で異なっています（二〇頁）。

阪田　なので「自分は何をすべきか」「どの方向に進むべきか」といった「自分のフレーム」をきちんと持っていれば、多少失敗しても多少間違っていても最終的には「よいかげん」に収まってくれるはずです。

高橋　ご飯を炊くときにも、その人が持っている「おいしいご飯」が炊ければ良いわけですね。ひょっとしたら、他の人にとっては「あまりおいしいとは思えないようなご飯」であっても……。

阪田　そうです。「自分のフレーム」で判断して「おいしいご飯」であることが大切です。

高橋　なるほど。

阪田　最後に話しておきたいのは、今日のディスカッションを振り返るとまるで今の若者たちに失望しているように聞こえてしまいますが、「そうではない」ことを強調しておきたい。

渡部　阪田先生は、今の若者たちに失望しているように聞こえますが（笑）……どういうことですか？

阪田　私たちのような「詰め込み世代」は禁欲的に頑張ることを美徳とするが故に「無駄」もあったと、やはり思うのです。そういった意味では、「無駄」だからこそ得られた何かがあった。

渡部　そうですね。

阪田　でも一方で、「無駄が省かれたからこそ得られる何か」もあるのだと思います。渡部先生の二番煎じになりますが、便利なＡＩ社会だからこそ無駄が省かれた時間を有効に使って「自分のフレーム」を育成するための「仕掛け作り」をじっくりやっていきたい、と私は考えています。

高橋　やはり、「自分のフレームを育成するための仕掛け」や「学びを誘発する仕掛け」としての「不便」を、具体的にどうやって教育現場で作り出すかが大切ですね……なかなか難しい。

渡部　よくできた「仕掛け」でなければならないし、「意味わかんな～い」などと片付けられないように説得力も欲しい。

高橋　ＡＩ時代になって教師の仕事がなくなるとよく言われますが、これから「生きる力」が教育の目標として社会に浸透していけば、教師には逆に高い見識が求められていくのではないでしょうか。

渡部　これからのＡＩ時代には、「不便」「無駄」「非効率」の教育効果、そして「あいまい」や「よいかげん」な能力を育成するための教育方法の検討が必要不可欠になると思います。なかなか具体的に解答を出すことは困難ですが、今後も引き続き検討してゆかなければなりませんね。

註

（1）　二〇一九年九月四日「ヒューマンインタフェースシンポジウム二〇一九」特別講演「ＡＩ時代の

人間の可能性～禅の修行からの考察～」（妙心寺退蔵院副住職・松山大耕氏）の講演の中の話。

文献

渡部信一　二〇〇五　ロボット化する子どもたち――「学び」の認知科学　大修館書店

渡部信一　二〇〇七　日本の「わざ」をデジタルで伝える　大修館書店

渡部信一　二〇一二　超デジタル時代の「学び」――よいかげんな知の復権をめざして　新曜社

渡部信一　二〇一八　ＡＩに負けない「教育」　大修館書店

終　章　ＡＩ時代の「教育現場」を探る

渡部信一

本書では、「はじめに」で示した以下のような疑問を出発点として、実際に「教育現場」での実践を続けていらっしゃる七名の先生方と一緒に検討してきました。

人間の知的作業はすべて「人工知能」に取って代わられてしまうのではないか？　そうなったら学校では、どのような「教育」を行なえばよいのだろう？　学校では、何を教えればよいのだろう？

これからの時代、「人工知能に負けない能力」とはどのような能力なのか？　そして、そのような能力を身につけるための「教育」とは？

具体的には、三つのテーマ（ＡＩ時代の「教師」、ＡＩ時代の「授業」、そしてＡＩ時代の「生きる力」）に絞って検討してきました。

本書の最後となるこの章では各テーマについてまとめながら、上にあげた疑問に対してあらためて検討してゆきます。

ＡＩ時代の「教師」について

第一のテーマであるＡＩ時代の「教師」については、植木克美先生および大西孝志先生と一緒に検討しました。植木先生は現在、世代の異なる教師たちが経験を語り合うワークショップのプログラムを開発し実践を進めています。また大西先生は、Ｗｅｂを活用した「教師研修システム」の構築を進めています。

お二人に共通しているのは、現場の先生方が多忙のためなかなか有効な研修に参加することが困難であるという現状を改善するために、コンピュータやインターネットを活用して先生方を支援しようとしている点です。そして将来は、単なるインターネットを活用したワークショップや教師研修にとどまるのではなく、そのシステムの中にＡＩも積極的に取り入れてゆこうとしている点です。

ＡＩの役割について植木先生は、ワークショップにおけるグループづくりに活用してゆこうとしています。つまり、様々な経験を持った熟達教師と若手教師のマッチングをＡＩに担ってもらおうとしています。これは、植木先生が実際にワークショップを実施するなかで、教師同士の相性や若手教師が求めている知識やスキルと熟達教師の能力とのマッチングが非常に重要であるという経験をお持ちだからです。

さらに植木先生は、ワークショップを実践する中で得られた経験知をＡＩに蓄積することにより、若手教師の身近にモデルとなるような熟達教師がいない場合でも、ＡＩが熟達教師の代わりに様々なアドバイスを提供してくれるようになることを予測しています。

大西先生も、「近い将来、個別の指導計画等に子どもの実態を細かく入力すればＡＩがベテラン教師と同じような指導方法を提案することも、部分的には可能になってくる」と予測しています。そして、「膨大なデータの中からニーズに合わせた対応方法を用意することは、ＡＩの最も得意な領域だから」というお考えを示しています。しかし同時に、全てをＡＩに任せるのではなく「ＡＩによって提案された指導方法の中からどれを選択するとよいのか、子どもの実態に合わせてどこまで指導するとよいのか、評価の基準はどこに置くのか、という微妙なさじ加減」は、人間の教師の力量にかかっているとしています。その理由としては「なぜなら、子どもの指導や子育てに関しては唯一無二の正解が存在しないからです。ある子どもには功を奏した指導が、別の子どもには成果が出ないこともあります」としています。そして、「障害のある子どもの指導においては、今、目の前の子どもに何が必要なのかということを瞬時で見抜く職人的な感覚も必要」としています。

ディスカッションでは一貫して、「ＡＩに全て任せるのではなく、ＡＩと人間が協力し合ってはじめて上手くいく」という考え方を基本に議論が進みました。ディスカッションの中で私が特に興味深いと感じた議論を、以下に拾い上げてみます。

・「熟達教師イコール経験年数が長い教師」であれば簡単だが、そうでない場合もある。
・ベテランの先生が持っている能力をAIが再現してくれて、それを「教員研修」に活かすことができるかもしれない。
・ベテラン先生の「どこがベテランと言われる部分か」をAIが見つけてくれる。
・多くのベテラン教師の「ビッグデータ」からAIが共通点を見つけ出してくれる。
・AIに、どのようなデータを入力するのか、例えば授業を記録した動画、子どもたちの授業評価等、とても興味深い。
・「経験値」「専門性」「ノウハウ」「指導のコツ」などを可視化できれば素晴らしい。
・ただ「コツ」や「ポイント」だけを教えてもらうのではなく、「自分で経験して、その経験の中から自分自身で学び取ってゆくことが大切」。
・何をどのように一生懸命取り組んだらいいのかのポイントを、AIやWebを活用して若手の先生に伝え、効率よく学んでもらえるようにするということ。

植木先生、大西先生とのディスカッションの中では、多忙な教師のための研修を「AIを活用したWeb研修システム」で行うことは効果的であるということが確認されました。

しかし同時に、「実際に対面しなければ伝わらない情報」も確かにあるので「対面で行う研修」、つまり師匠が弟子に対して技術を継承するような研修も必要不可欠であるという点で先生方の意見は一致しました。

ＡＩ時代の「授業」について

第二のテーマであるＡＩ時代の「授業」については、三浦和美先生、佐藤克美先生、水内豊和先生と一緒に検討しました。三浦先生は大学で教員養成に携わっており、その授業の中で積極的に「デジタル教科書を活用した授業」を指導しています。また佐藤先生は、３ＤＣＧアニメーションやＶＲ（バーチャルリアリティ）など最先端のテクノロジーを使った教育の効果について研究を進めています。そして水内先生は、総務省が二〇一六年度から進めている「若年層に対するプログラミング教育の普及推進」事業に富山地区のプロジェクトリーダーとして関わっています。これらの先生方に、ＡＩ時代の「授業」についてお考えをお聞きしました。

三浦先生は、実際に「デジタル教科書を活用した授業」を指導している経験から、「デジタル教科書に含まれる資料の豊富さや便利さには目を見張るもの」があるとしています。

「視覚資料や音声資料によって、これまで実現できなかった授業ができるようになることは予想できます」と言います。さらに、「デジタル教科書を駆使すれば、見学できないところも楽に見学できてしまう」というメリットを示しています。しかし、「すべてをデジタル教科書」というのではなく、「紙媒体の教科書とデジタル教科書の両方のメリットとデメリットを理解し、適切に扱えることが喫緊の課題になる」としています。

佐藤先生からは、「ＩＣＴやＡＩをどのように活用するかということ以前に、現在の教育が『生きて働かない知識』を扱っていることが問題である」という本質的な問題提起がなされました。つまり、現在の「教育」の本質を根底から変えない限り、ＩＣＴやＡＩを導入しても有効性はないだろうというお考えを示していただきました。

水内先生からは、「プログラミング教育」において大切なことは、「プログラミングに関する知識やスキルを獲得したか」ということよりも、子どもたちの「できた、わかった、うれしい！」をいかに引き出すかであるというお考えを示していただきました。

ディスカッションにおいても、各先生の基本的なお考えを基にした議論がなされました。三浦先生は、「社会科の『デジタル教科書』では動画資料が豊富なため、児童生徒が繰り返し見ることで考えを深めることができます。社会科と『デジタル教科書』の親和性は、高いと思います」としながらも手放しで「デジタル教科書」を推奨するのではなく、「結局、教師自身がどの教科のどの段階でどう使うかを具体的にマネジメントできるようになることが最も重要」としています。「デジタル教科書」を効果的に活用している先生は同時に、教材研究も上手で授業のイメージもしっかりあり、黒板を使った指導も上手というわけです。

現在の「プログラミング教育」に対して、先生方は「失敗するのでは」と危惧されています。その理由としては、「プログラミング教育」必修化の目的が「プログラミングの知識やスキルの獲得」になってしまう懸念があるからです。三浦先生、水内先生はすでに「プログラミング教育」を実際に始められている経験から、「プログラミングした猫が動いた時の子どもたちの表情は素晴らしい」、あるいは「目をキラキラさせながら楽しんでいるという子どもたちや学生の「学び」ということを中心にして考えることの重要性を示しています。

ディスカッションの後半は、佐藤先生と私の「ＡＩと教育」に関しての議論になりました。興味深い議論を、以下に拾い上げてみます。

- これまでの教育では「社会で使えない知識」を教えてきた。その基本的な考え方を変えないと、ＡＩを活用してもまったく効果的ではない。
- 日本の教師は「枠にはまった状況下でしか使えない知識」を教えている。それでは、社会の中で「生きて働く知識」にはなり得ない。

- これまで、ＩＣＴが「教育」を変えるということはなかった。それと同じように、「ＡＩを活用したから教育が変わる」ということはない。
- 人間の考え方が変わらないとＩＣＴの使い方も発見できないし、ＡＩも宝の持ち腐れになる。その結果、「生きて働く知識」を得ることは難しい。
- 教師が「人として共感できる存在である」という点が、今後の教育には求められる。子どもたちが先生を「凄い人」と認めてくれなければ、教育は成り立たない。
- 今の状況で教育にＡＩが入ってくれれば、教育現場はどんどん「人間味」がなくなっていく。でも、教育現場には「人間味」が絶対に必要である。
- 「ＡＩ教師」が、子どもたちにとっては「とても当たり前のこと」になる……「ＡＩが教師の職を奪う」という議論もあるが、今まで以上に教師の役割は重要になってくる。

三浦先生、佐藤先生、そして水内先生とのディスカッションでは、デジタル教科書の導入やプログラミング教育必修化の大きな流れの先にある「教育現場におけるＡＩ活用」の意義や効果について議論できました。

特に、単に「ＩＣＴやＡＩを導入すれば効果的・効率的な教育ができる」と考えるのではなく、現在行われている「教育」自体をあらためて検討し直し改善した上でなければ、

ＩＣＴやＡＩの導入は成功しないという議論がなされました。

AI時代の「生きる力」について

第三のテーマであるＡＩ時代における「生きる力」の育成では、阪田真己子先生と高橋信雄先生と一緒に検討しました。阪田先生は、これから訪れる「便利なＡＩ時代」において、どのように「便利」と「生きる力」が関係しているのか、そのお考えを示していただきました。また高橋先生は、大学生の課外活動（学生オーケストラ）の指導に三〇年にわたって関わってきた経験を基に、音楽教育という視点から「生きる力」についてのお考えを示してくださいました。

阪田先生は、今の教育は「とても親切」であると言います。阪田先生の言葉を借りれば、今の教育現場は「歩かぬ先の杖」の状態です。しかし、「便利すぎる」あるいは「親切すぎる」と学生の「生きる力」は育ちづらいと、阪田先生は言います。そして、「不便益」つまり「不便だからこそ得られる効用」の重要性を説きます。さらに、阪田先生は「無駄と失敗を経験しなければ、非効率的、非合理的な方法を経ることでしか得られない『内在的な成功感』や『持続的な探究心』が養われることはありません」としています。

高橋先生は、音楽教育という視点からＡＩ時代の「生きる力」について検討しています。そして、「チューニングメータ」や「電子楽譜」などの音楽演奏にとって便利な道具の導入が、必ずしも演奏者の「生きる力」の育成にはつながらないとしています。なぜなら、便利な道具が使い手の不便や失敗を減らすこと、言いかえれば「困惑」を避けることを目的に作られているからです。しかし、「不便や失敗」そして「困惑」によって演奏者は「生きる力」を獲得すると、高橋先生は言います。

それでは、ＡＩが社会に普及・浸透するこれからの時代、「教育現場」ではどのようにＡＩと関われば良いのでしょうか？　もしＡＩが「便利な道具」だとしたならば、ＡＩの普及・浸透によって子どもたちの「生きる力」は低下してしまうのでしょうか？

ディスカッションでは、興味深い議論が展開されました。

- 「不便益」という概念が大切だと思う。「不便だからこそ得られる効用」。問題なのは、この「不便益」をどのように「教育現場」に取り込むか。
- 今の若者は「人とつながりたい」という気持ちも結構強い……でも、「リアルでつながるのはめんどくさいし、しんどい」と感じている。それでサクッとコミュニケーションをとることが可能な「ＳＮＳ」を使う。
- 「便利なＡＩ時代」にあえて「不便な生活」や「不便な教育」を行うことができるのか、

かなり困難だと思う……どうやって教育の中に「不便・不親切」を取り入れるかが難しい。

阪田先生、高橋先生とも「あまり便利すぎると生きる力は育成できない」というお考えをお持ちという点で一致していました。加えて、この点を検討するときお二人とも「日本の伝統芸道」の師弟関係に着目しているという点でも共通していました。

- 伝統芸道のお稽古にみられるような一見無駄に思える非効率的、非合理的な方法が学習者の探究心を持続させると考えられる。そして、そのようなお稽古のなかで得られる「内在的な成功感」こそが「生きる力」につながってゆくのだと思う。
- バレエなどの西洋舞踊のレッスンが一つひとつ細かな指導を基にして一歩一歩レベルを上げてゆくことを考えると、伝統芸道のお稽古はとても「不親切」に感じる。……でも、そのようなやり方が、学習者の主体性の育成と探究心の持続に一役買っているのかも知れない。まさに「不便だからこそ得られる効用」である。

これらの議論を基に、何とかして今後の具体的な方向性を示そうと検討がなされました。

- 「炊飯マニュアル」みたいなものがあれば便利だろう。でも、それでは「ご飯を炊く能力」は育成されない。
- 便利なＡＩ社会では「ご飯の炊き方を教える」のではなく、どうやったら「おいしいご飯」が炊けるのかを考えさせることが重要。……それぞれの状況に応じた「よいかげんな解答」。

• 「自分は何をすべきか」「どの方向に進むべきか」といった「自分のフレーム」。「フレーム」は、その人の生い立ち、経験、考え方、価値観、文化、宗教……で異なっている。「自分のフレーム」をきちんと持っていれば、多少失敗しても多少間違っていても最終的には「よいかげん」に収まってくれるはず。「自分のフレーム」で判断して「おいしいご飯」であることが大切。

• 「無駄が省かれたからこそ得られる何か」もある。便利なＡＩ社会だからこそ無駄が省かれた時間を有効に使って「自分のフレーム」を育成するための「仕掛け作り」をじっくりやっていきたい。「自分のフレームを育成するための仕掛け」や「学びを誘発する仕掛け」としての「不便」を、具体的にどうやって教育現場で作り出すかが大切。

• ＡＩ時代になって教師の仕事がなくなるとよく言われるが、これから「生きる力」が教育の目標として社会に浸透していけば、教師には逆に高い見識が求められていく。

• これからのＡＩ時代には、「不便」「無駄」「非効率」の教育効果、そして「あいまい」や「よいかげん」な能力を育成するための教育方法の検討が必要不可欠になる。

以上のように今回のディスカッションでは、今後迎えるＡＩ時代における「生きる力」

育成の方向性をある程度は明らかにすることができたと思います。しかし、教育現場、特に学校教育の現場で具体的にどのような教育をすべきなのかに関しては、なかなか具体的な方法を明示することは困難でした。これは、今後の大きな課題として残りました。

AI時代の「教育現場」について

最後に、私自身のコメントを一つ示しておきたいと思います。それは、もしＡＩが単なる「便利な道具」だとしたならば、それは「必要に応じて使えば良いもの」であり、それほど問題はないでしょう。しかし、私が「ＡＩと教育の関係」において最も真剣な検討や議論が必要不可欠だと考えていることは、以下の点です。

ＡＩが私たちの生活や社会に普及・浸透することにより、「教育（特に、教育現場）」のあり方や価値観など基本的な枠組までも変更せざるを得ない状況が生まれる。

本書を執筆して下さった先生方は全員、「ただテクノロジーを活用すれば効果的・効率的に教育できる」と考えているわけではありませんでした。先生方それぞれがテクノロジー活用を検討することにより、「教育」そのものに対する考え方やあり方を改善してゆくことを考えておられました。

「教育」という人間の活動が「時代」や「社会」に大きく影響されるものだとしたならば、まさに今こそ「教育」は大きく変わらざるを得ない時期に来ているのです。

あとがき

私は二〇一八年、拙著『ＡＩに負けない「教育」』を上梓した後、読者の皆さんがこの本をどのようにとらえていらっしゃるのか知りたいと思っていました。そこでまず、身近なところで私の周囲にいるゼミの修了生や共同研究者に聞いてみたい、議論してみたいと考えました。同時にその頃は、「間もなく学校現場で始まるプログラミング教育をどうしたらよいか？」という声も多く耳にするような時期でもありました。

そこで私は、渡部ゼミの修了生や共同研究者と一緒に「ＡＩ時代における教育のあり方」について考え、議論することにより、その記録を一冊の書籍としてまとめることを決心しました。このような経緯から本書は、各々の執筆者がひとつの節を担当するという形にはなっていますが、その節の後に行う「ディスカッション」にも力が入っていることを特徴としています。結果的に、とても刺激的で興味深い議論としてまとめることができました。執筆者の先生方には、本当に感謝しております。

最後に、ミネルヴァ書房の吉岡昌俊さんには「新型コロナウイルス感染拡大」による大変な状況の中、完成まで様々なアドバイスをいただき感謝しています。ありがとうございました。

二〇二〇年四月三〇日　一刻も早い「新型コロナウイルス感染」の収束を願って

編者　渡部信一

阪田真己子（さかた　まみこ）第3章3-1・ディスカッション

同志社大学文化情報学部　教授

神戸大学大学院総合人間科学研究科博士課程修了

博士（学術）（2002年取得）

現在の研究テーマ：伝統芸能ビッグデータ構築による無形文化財の保存・解析・共有手法の開発。ビッグデータ，データサイエンスを主軸とした新たな芸能研究の創成を目指している。

高橋信雄（たかはし　のぶお）第3章3-2・ディスカッション

東北文化学園大学医療福祉学部　教授

東北大学大学院教育情報学教育部博士後期課程修了

博士（教育情報学）（2016年取得）

現在の研究テーマ：言語聴覚士国家試験に挑戦する学生のグループ学習に対するICT活用，また Lave（1991）らの Legitimate Peripheral Participation（正統的周辺参加）の視座から学習が進展するプロセスを評価する枠組みを探求している。

効果的な教員研修の方法を聴覚支援学校のフィールドワークを通じて探っている。

三浦和美（みうら　かずみ）第２章２-１・ディスカッション
東北福祉大学教育学部　教授
東北大学大学院教育情報学教育部博士後期課程修了
博士（教育情報学）(2013年取得)
現在の研究テーマ：小学校社会科教育法において，従来の指導法に加えて「デジタル教科書」を用いた実践的指導法を開発している。また最近は，児童向け新聞活用ワークショップを主催する等，アナログなアプローチにも取り組んでいる。

佐藤克美（さとう　かつみ）第２章２-２・ディスカッション
東北大学大学院教育学研究科　准教授
東北大学大学院教育情報学教育部博士後期課程修了
博士（教育情報学）(2011年取得)
現在の研究テーマ：ICT を用いた学習者支援。最近はモーションキャプチャによる身体動作のデータ，またその他の３次元データを CG や VR へ応用することによる学びについての研究を実践を通し行っている。

水内豊和（みずうち　とよかず）第２章２-３・ディスカッション
富山大学人間発達科学部　准教授
東北大学大学院教育情報学教育部博士後期課程修了
博士（教育情報学）(2018年取得)
現在の研究テーマ：従来の，知的・発達障害児・者ができないことをできるようにするための教育ではなく，新時代を生きる力を育むための教育のあり方と，その方途としてのプログラミング教育，そして AI や ICT の活用について実証的に研究している。

《執筆者紹介》

渡部信一（わたべ　しんいち）編者，はじめに，序章，第１章ディスカッション，第２章ディスカッション，第３章ディスカッション，終章，あとがき

東北大学大学院教育学研究科　教授
東北大学大学院教育学研究科博士前期課程修了
博士（教育学）（1992年取得）
現在の研究テーマ：AI 時代における「学び」の探求。
主な著書に，『鉄腕アトムと晋平君―ロボット研究の進化と自閉症児の発達―』（ミネルヴァ書房，1998年）『ロボット化する子どもたち―「学び」の認知科学―』（大修館書店，2005年）『AI に負けない「教育」』（大修館書店，2018年）『AI 研究からわかる「プログラミング教育」成功の秘訣』（大修館書店，2019年），編著書に『日本の「わざ」をデジタルで伝える』（大修館書店，2007年）『「学び」の認知科学事典』（大修館書店，2010年）などがある。

植木克美（うえき　かつみ）第１章１－１・ディスカッション

北海道教育大学大学院教育学研究科　教授
東北大学大学院教育情報学教育部博士後期課程修了
博士（教育情報学）（2008年取得）
現在の研究テーマ：異世代の教師たちで経験を語り聴き合い，若手教師が自ら課題を解決できるようにサポートする『保護者支援をともに学ぶ教育者ネットワーク（エデュサポネット）』をつくり，対面とオンラインによるワークショップの開発に取り組んでいる。

大西孝志（おおにし　たかし）第１章１－２・ディスカッション

東北福祉大学教育学部　教授
東北大学大学院教育情報学教育部博士後期課程　在学中
現在の研究テーマ：聴覚障害児に対する指導技術の習得といった従前からの課題に，Society5.0・超スマート社会のテクノロジーを活用した

AI 時代の教師・授業・生きる力
——これからの「教育」を探る——

2020年7月1日　初版第1刷発行　〈検印省略〉

定価はカバーに
表示しています

編著者　渡部信一
発行者　杉田啓三
印刷者　坂本喜杏

発行所　株式会社　ミネルヴァ書房
607-8494　京都市山科区日ノ岡堤谷町1
電話代表　(075)581-5191
振替口座　01020-0-8076

ISBN 978-4-623-08941-3
Printed in Japan